啓蒙の射程と思想家の旅

田中秀夫

未來社

啓蒙の射程と思想家の旅◎目次

啓蒙の射程と思想家の旅

装幀——伊勢功治

はしがき

本書は一八世紀の啓蒙思想史研究である。ヨーロッパ啓蒙、大ブリテン啓蒙、啓蒙思想家の旅、啓蒙と野蛮、市民社会と徳、啓蒙と改革といった主題についての論考に、スミスとルソーの自己愛論を考察した小論を加えたもので、主に「啓蒙と共和主義」についての筆者の比較的最近の研究からなる論文集である。

筆者は長くスコットランド啓蒙研究に携わってきた。一八世紀のスコットランドの知識人が、人間と社会について熟慮を重ねた根源的で体系的な考察に辿りついていたことは、いまではかなり広く知られるに至っている。人文学にとどまらず自然科学にもわたって、例外的なほど多くの浩瀚な書物が執筆され読まれたのが、一八世紀の小国スコットランド（一七〇七年の合邦後はイングランド、ウェールズとともに大ブリテンとなる）であった。本格的な社会科学の成立も一八世紀のスコットランドにおいてなし遂げられた。

スコットランドの啓蒙知識人は、イングランドの自然法思想、すなわち自然（自然法）に即した行為を是認し推奨したホッブズやロックの抽象的な権利の哲学に満足せず、社会的事物を分析し、文明の歴史的発展という事実に注目するパラダイムを構想した。社会の発展、人間精神の進歩という思想は一八世紀になってはじめて、おそらくフランスとスコットランドで同じころに生まれた。その前夜には文芸をめぐる古代人―近代人優越論争があった。ヒュームは近代社会の原理に優位性を求め、明確に進歩の歴史観を提出した。

それまでは人間の歴史は黄金時代からの転落の歴史であり（キリスト教の堕落史観）、あるいはせいぜい民族の興亡の歴史であり、ポリュビオスとマキァヴェッリが代表するように興隆と没落が繰り返される循環であると把握されていた（循環史観）。

スコットランドの啓蒙知識人は人間と社会の進歩には知性の目覚めとともに、富と徳が必要であり、それらはいかにして獲得できるか――進歩発展はしばしば人間の「意図せざる結果」として生じるという認識は彼らのものであった――について考察を進め、体系的な道徳＝社会哲学の書、浩瀚な文明社会史の叙述において、その考察を繰り広げたのである。

そうした書物の読者は読書する知的エリートであり、知的公衆であった。知識を重視する時代が始まっていた。この時代から小国スコットランドは国内のみならず、イングランド、さらにはアメリカ等の各地、各界に多くの有能な人材を供給する苗床となった。その理由は、長老派の刻苦勉励、すなわち勤勉の精神が背景にあるだろうが、一八世紀に世界の学界をリードするまでになっていたスコットランドの学問と思想の坩堝にあるのではないかというのが、筆者が抱いている印象である。

『人間本性論』（一七三九―四〇年）の著者デイヴィッド・ヒュームも、『国富論』（一七七六年）と『道徳感情論』（一七五九年）で知られるスミスも、スコットランド人であった。スミスの師のハチスンは『道徳哲学序説』（一七三六年）や『道徳哲学体系』（一七五五年）などの著作を残した。ヒュームには『政治論集』（一七五二年）や『イングランド史』（一七五四—六一年）もある。アダム・ファーガスンは『市民社会史論』（一七六七年）を書き、サー・ジェイムズ・ステュアートは『経済の原理』（一七六七年）を刊行した。

ファーガスンの『ローマ共和国史』（一七八三年）もあれば、ケイムズの『法史論集』（一七五八年）や『人間史素描』（一七七四年）、あるいは『ジェントルマン・ファーマー』（一七七六年）もある。ミラーは『階級区分の起源』（一七七一年）を書いた。ミラーには『英国統治史論』（一七八七年）があり、ロバートスンは『カール五世史』（一七六九年）、『スコットランド史』（一七五九年）、『アメリカ史』（一七七七年）などを執筆した。トマス・リードの三部作『人間精神の研究』（一七六四年）、『知的能力論』（一七八五年）『活動能力論』（一七八八年）やD・ステュアートの数々の著作など、数え上げるのは面倒なほどである。

彼らは小国の知識人でありながら、あるいはそれゆえに、広く世界に目を向け、人間を観察し、その本性を執拗に分析するとともに、文明社会の変化、発展と危機の諸相について、広範囲の分析を行なった。彼らは、商業の興隆が文明社会の発展をもたらし、温和な習俗（moderate manners）を生み出したという洞察を示したが、しかし商業文明をいたずらに賛美したのではない。商業は富と奢侈をもたらすが、奢侈的生活がしばしば腐敗・堕落（corruption, degeneration）を引き起こすことに彼らは警鐘を鳴らした。彼らはイングランドによる政治的・経済的抑圧への憤慨とアメリカやアイルランドへの同感＝共感を抱きながら、そうした思想の仕事を遂行したのである。彼らはフランス文明に憧憬を抱いたが、またその構造的弱点についての思索も展開した。

またイングランドが先端を走っている商工業の発展は、分業を通じて人間の能力の一面を伸ばすものの、その他のさまざまな能力の衰退をも引き起こし、ある種の疎外が帰結することも彼らは喝破した。彼らは商業文明を賛美するだけではなく、その負の側面を指摘する批判的な分析も行なった。このように彼らは文明社会の良さと意義を明らかにするとともに、マイナス面について警告も発していたのである。

彼らスコットランドの知識人は、世紀前半までの法学者がそうであったように、オランダで学問を深める場合もあったが、ヒュームやスミスのように、フランスの啓蒙知識人とも交流を深めた。

啓蒙哲学者はさまざまな理由でヨーロッパを旅した。ヴォルテールもモンテスキューも旅の終着地をロンドンに定め、ウェストミンスター議会を見学した。大陸の思想家にとって大ブリテン流の議会政治は新機軸であった。一七四五年のジャコバイトの反乱に加担したジェイムズ・ステュアートは、ヨーロッパ大陸に亡命し、見聞を広めて、最初の経済学体系とされる『経済の原理』（一七六七年）を書いた。

アダム・スミスやアダム・ファーガスンのように貴族のグランド・ツアの随員となった場合もある。フランクリンのような植民地人は政治目的のために大ブリテンに滞在したし、若いアメリカ人は、ベンジャミン・ラッシュのように、医学や道徳哲学を学ぶためにスコットランドに留学した。スコットランドの知識人のなかにはウィザスプーンやトマス・ウィルスンなどのようにアメリカの大学で教えるものも出る。
イングランドのコモンウェルスマン（共和主義者）であるトマス・ホリスはハーヴァード大学をはじめとするアメリカの大学その他に熱心に書物を寄贈した。書物の寄贈はこの時代の一種の流行となった。思想は書物の流通と同時に、思想家自身の旅を通じても広まっていく。フランス革命の思想はフィロゾーフの遺産であるとともに、スコットランド啓蒙の思想が、フランクリンやジョン・アダムスなどのアメリカ人を通じて、フランスに伝えられた側面もある。ドイツ、イタリアとともに、アメリカ植民地も啓蒙の時代を迎えていた。

本書では一七世紀にさかのぼって啓蒙とはなにか、啓蒙思想家の旅と思想の伝播を論じている。また本書はヨーロッパ啓蒙を視野に収めて広い範囲の考察を行なっている点で、これまでの筆者の研究主題より広範なものとなっている。日本の思想的伝統にも言及しているし、フランス啓蒙にも触れ、イングランドの啓蒙も論じている。このように、総じて本書は啓蒙思想の伝播・普及を論じるものであるから、本書を『啓蒙の射程と思想家の旅』と題することにした。

第1章　ヨーロッパ啓蒙——共和主義と世界市民主義を中心に

「商業においていくらかの進歩を遂げた国家のあいだで、近隣諸国の進歩を疑いの眼で見て、すべての商業国を競争相手と見なし、近隣諸国の犠牲なしにはいずれの国も繁栄できないと考えるほど、ありふれたことはない。……しかし、諸国民のあいだに、開かれた通商が保たれている場合には、どの国の国内産業も他の諸国民の改善により増進しないはずはない……」（ヒューム『政治論集』三一一ページ）(1)

1　啓蒙とはなにか

最近、啓蒙の理解が多様化している。さまざまな啓蒙を認める相対主義的なポーコック(2)に反対して、ジョン・ロバートスンが経済学を生み出したスコットランド啓蒙とナポリ啓蒙こそ啓蒙の典型だとして啓蒙の普遍的定義を唱えたのは、最近のことである。(3) 一方、オランダ、とくにスピノザに啓蒙の起源を求めるジョナサン・イスラエルは、啓蒙を急進的啓蒙と保守的啓蒙の二類型に峻別する。(4) ポーコック説が穏当で、ロバートスンもイスラエルも極論に見える。しかし、そもそも啓蒙に共通の傾向がないというわけではないであろう。啓蒙とはなにであったか。

啓蒙は要するに文明化の思想であり近代の精神であった。しかし、啓蒙は文明化一般と同じではない。用例がないわけではないが、古代文明は普通、啓蒙とは言わない。古代の知識は特権階級のものにすぎず、民衆に普及しなかった。中世でも同じである。一八世紀に一つのピークをもつ啓蒙は、エリート知識人の思想から始まったが、次第に市民、民衆に伝わり、市民社会の広がりをもった点が、古代、中世と決定的に異なる。啓蒙は普遍的な人間の知性を開放し、知性による自然の支配、人間の自立を目指す運動であり、それは近代ヨーロッパに初めて見出される精神の覚醒(アザール)であった。啓蒙を定義するのはなかなか難しいが、その試みから始めよう。

啓蒙は第一に、知性による世界の解明を意味する。それは、ルネサンスと科学革命、宗教改革という一六世紀から一七世紀にかけての大変動の結果、一八世紀ヨーロッパ社会に広がった世俗化、文明化と社交性の思想であった。ベーコンは「知は力なり」を唱えたが、それは啓蒙思想の萌芽であろう。さらに萌芽はルネサンスの人文主義に遡るべきかもしれない。ヒュームは知性の範囲を経験的認識に限定した。カントも知性に啓蒙の役割を求めた。知性の運動である啓蒙は学問共和国を生み出す。

第二に、啓蒙は都市公共圏の成立と関係がある。啓蒙はルネサンス以来、都市を拠点として展開したヒューマニズム（人文主義）などを経て成立した世俗的な知的活動の総体であり、それを貫く精神である。ルネサンスでは理想都市（理想社会、理想国家）がさまざまに求められた。それは都市の建築に表現されたし、またユートピア（理想郷）という形でも描かれた。しかし、勤労としての商業がもたらした富（民富）の蓄積なしには、公共圏も啓蒙の学問共同体も生まれなかったであろう。

したがって啓蒙は、第三に商業社会の形成とも関係があった。商業社会の形成は、自由、所有、正義と法の支配に深い関係があったから、啓蒙はこれらの要素とも密接に関係がある。モンテスキューやヒューム、スミスは商業と自由の不可分の関係を説いた。[5] その密接な関係をヒュームほど明快に指摘した思想家はいない。ヒュームによれば、自由とは法の支配であり、法による人権や所有権の保証である。所有権の保証は勤労の意欲をもたらし、自由を拡大し、人間愛を可能にし、知性の活動範囲を広める。所有権と勤労は富者と貧者の階級格差を生み出すが、しかし、社会全体の経済は発展する。こうして啓蒙と自由と商業は関連する。

ゾンバルトを批判してウェーバーが看破したように、近代の資本主義は歴史とともに古い詐欺的、掠奪的資本主義とは異なる勤労による資本主義である。富、都市、公共圏の形成につれて啓蒙は世界に広がっていく。そのような意味では啓蒙はブルジョア（本来は都市民を意味する）社会の産物である。言い換えれば、利己心と欲望の体系としての商業社会が啓蒙を可能にしたのである。

第四に、それ以外の伝統や価値が啓蒙に無関係だったとは言えない。確かに啓蒙は貴族社会の産物でもなければ、キリスト教の成果でもない。しかし、キリスト教の価値（愛と希望）と自然法思想、古典以来のシヴィック・ヒューマニズム（徳・勇気）が啓蒙に無関係であったとは言えないであろう。これらはヨーロッパの共通の遺産であった。

そして第五に、啓蒙は社会や政治の改革と不可分である。ヨーロッパ啓蒙も一八世紀末になると、大ブリテン、フランス、イタリア、ドイツのみならず、アメリカやスウェーデン、ポーランド、ロシアなどにも波及し、次々と絶対君主などの専制支配を掘り崩していく。プロイセンのフリードリヒやオーストリア＝ハンガリーのマリア・テレジアなどが啓蒙思想家のパトロンとなり、自身も啓蒙専制君主となったことが、皮肉にも君主政支配を掘り崩すのであるから、当人にしてみれば意図せざる結果であろう。

しかしながら、啓蒙は困難な事業であった。知性の目覚めとして始まった啓蒙がヨーロッパ世界に広まることでさえ容易ではなく、教会権力や国家権力などのさまざまな旧勢力――それをアンシァン・レジームと呼んでおこう――や民衆の迷妄との戦いを余儀なくされた。しかし、近代の精神、文明化の思想としての啓蒙は、ますます多くの人びとの知性の覚醒を導き、市民意識と市民革命を生み出し、国制の変革を招来する。絶対君主政から共和政への転換が進んだ。絶対王政（国王主権）から混合政体（主権分割）へ、さらには二院制議会（国民主権）から一院制議会（人民主権）へと、民主主義革命が展開していった。

このようにして市民を主人公とする市民社会が誕生したが、それは国民国家の形成、市民社会と国家の複雑な関係の発生をも意味した。市民社会は経済社会の発展を導いた。経済なるものは長く家計であり、自給を基本とし、せいぜい共同体間の交換にとどまったが、近代になると市場経済が拡大・浸透して大転換（ポランニ）が起こる。生産性の上昇と経済開発の進展は人口の爆発をもたらし、経済的なるものの重要性を高めたのである。こうして国民経済と言われるように、社会全体が経済化し、国家の役割のなかに経済が大きな比重を占めるようになる。国家や政治の問題の大半は経済問題、社会問題ともなる。したがって、啓蒙は経済学を生まざるを得ない。『人間の条件』（一九五八年）でアレントは、ここに近代の価値ではなく堕落を見る。人間は卓越をめざすべきなのに、食べることに大半の労力を使うようになったからである。

また市民社会は自治能力をめぐって騒動を生み出し、やがて一九世紀以降には、しばしば大衆動員による独裁政治を招来することにもなって、啓蒙の理念としての自由と平等は、苦難の歴史を辿る。一院制は独裁を生み出し、民衆の代表を名乗るデマゴーグに操られて、全体主義となって破綻した。『啓蒙の弁証法』（一九四七年）で、ホルクハイマーとアドルノが告発したのはこの局面である。

本章は啓蒙のさまざまな論争が展開された啓蒙の知的運動としての「学問共和国」に関心をもつので、とくに啓蒙の共和主義と世界市民主義に光を当てることを試みる。人間観や国制の問題、自由主義やナショナリズムとの関連にも言及し、それぞれの伝統の特徴をいくぶんなりとも明確にしたい。以上が本章の狙い（Scope）である。

合理化、循環、疎外

前述のように啓蒙の始原はルネサンスのイタリアにある。しかし、ルネサンスにも先行する起源があった。ウェーバーを参照して言えば、啓蒙は合理化の歴史の一齣である。広い射程で歴史を振り返れば、文明史は野蛮から文明への合理化の歴史であり、進歩の歴史である。古代ギリシアとローマの自由民＝市民を主体とする古代文明は、ある種の狭隘な啓蒙であったと言えなくはない。もちろん、揺り戻しもあれば、文明の衰退の繰り返しもあったから、合理化も進歩も発展も一直線に進んだわけではない。啓蒙思想家も歴史を興隆と衰退を繰り返すポリュビオス的な「循環」として理解した。ヨーロッパでは文明史は二循環目を迎えているというのが、スミスなど啓蒙思想家の認識であった。

世界が魔術の園からの合理化――それはなにより知性の変化であり、空想から科学への進歩であった――を推し進めるのは、ほぼ不可逆的な過程であって、それは世界史の趨勢である。合理化の極点に不合理な化石化した現代文明を見たのが二〇世紀初頭のウェーバーであるが、啓蒙の時代には、そのような化石化は未来の可能性にすぎなかった。けれども、ルソー、スミス、ファーガスン、ミラーは商業文明に分業労働に基づく人間疎外を見出した――文明の相反性認識――から、マルクスやウェーバーの認識の先取りをしていたのである。

合理化が不合理を帰結するというのは、とくに二〇世紀以降に顕著になった現象である。けれども、いまなお合理化は進んでいる。不合理化を伴う合理化の貫徹という通時的構造のなかに、啓蒙はおかれている。とくに一八世紀のヨーロッパという世界史の一齣に独自の位置を占める文明のありかたとして、啓蒙を位置づけうるであろうが、しかし啓蒙の精神は合理化の精神、世界の理知的な理解の営みとしては、一八世紀ヨーロッパに留まらず、世界史の精神として世界じゅうで噴出する可能性があった。ヘーゲルはそのような側面に注目した。

啓蒙は近代的個人、近代的市民の思想であり、知性と情念の解放の思想であった。啓蒙の知性主義はさまざまな形の進歩の思想を生み出した。啓蒙はルネサンスと科学革命の精神を継承し、宗教改革の狂信と熱狂を拒否したが、それは容易なことではなかった。それでは啓蒙の近代的個人はどのような種類の人間類型として考えるべきであろうか。

2　啓蒙の人間像――利己心と仁愛

近代的個人の思想である啓蒙にとって、自律と人権と個人主義は不可分の関係に立つ。近代的個人は宗教改革と戦乱による伝統社会の紐帯の解体を経ずには成立しなかった。孤独な存在が近代の個人である。ルターの万人祭司主義、聖書中心主義、神の器としての人間像からカルヴァンの神の道具としての人間像、地上における神の国の樹立へと思想を進めた急進的な宗教改革は、乱世にあって救済を願い、自らの内面を直視する個人と個人主義を生み出した。近代的な個人は伝統的な価値を拒否し、良心（Conscience 共知）と召命（Calling, Beruf）を価値として受け入れた。プロテスタントの個人主義は公共的な価値ではなかった。それは伝統的な共同体を解体する爆弾であった。キリスト教の伝統にあっては、価値は公共精神 Civic Virtue ではなく「神への義務」であり救済であった。同胞愛も価値であったが、同胞愛の実践は、慈善であり、相互扶助であり、寄付行為であった。神の善なる意志（Beneficence）が同胞への慈善＝仁愛（Benevolence）を導いた。キリスト教の同胞愛は、ギリシア、ローマ的な政治的な公共性の思想とは異なる。カルヴィニズムが生み出したのは、世俗的禁欲を実践する、原罪を負った自己を断罪する「聖なる敬虔な個人」であった。贖罪の思想はプロテスタントによっても継承された。しかし、こうしたプロテスタントの個人主義は、世俗化の影響を受けて、世俗的な個人主義が生まれることを阻止できなかった。ホッブズの計算する感性的な人間像はその典型である。

こうして啓蒙は人間本性のなかに強い利己心、欲望を見出し、それを肯定する理由を探し出す。利己心を利他心＝仁愛と同等に有徳と見なすことは容易ではなかった。しかし、利己心は自己啓発＝自己啓蒙を経て、より高い能力、職務への専念を可能にする個人を形成するであろう。このことにやがて啓蒙は着目した。こうして「勤労」Industry と「能力」Power, Faculty、「利害」Interest を鍵概念とするブルジョア的（商業的市民の）徳 Virtue の思想が生まれた。社交性、社会性が一つの具体的な形態としての商業、商品交換となって国内的にも、国際的にも、広がった。こうした商業社会の徳の思想は近代になって初めて生み出されたものである。世俗的勤労的個人主義はカルヴィニズムの世俗的形態であり、近代的なエピクロス主義である。エピクロス主義はマンデヴィル段階で社会化される。

それは奢侈や欲望を通じて社会的需要を生み、社会的活動、経済的繁栄を実現することによって建設的な役割を果たす。そのような新しい認識はマンデヴィルやフランスのジャンセニストによってもたらされた。

したがって、利己心の結果的な正当化を行なうことはもはや不可能ではなかった。シャーフツベリ＝アディスン段階となると、さらに感情の洗練がつけ加わる。こうして利己心と仁愛は、人間本性の二つの原理として共存し、良い結果をもたらすと考えられた。「人間本性の考案者は賢明にも人間本性に行為の二つの原理、自愛心と仁愛を備えつけたのである」とグローヴは述べた（Henry Grove, *Spectator*, no. 588, 1714）。仁愛、人間愛、共感、同感などの用語によって、人間の感情分析がますます精緻に行なわれる。こうして一八世紀は「感情の人」を生み出すが、それは前例のないものであった。[6]

社会は人間の関係であり、組織である。強者と弱者の関係は支配・被支配となりがちである。それは契約という形式をもっていても、脅迫原理と裏腹の縦の原理である。平等な社会への憧れは古い歴史がある。平等な社会とは相互性の原理に立脚する社会である。そこでは横の関係としての正義の概念が生まれる。それ以外にすべてを包み込む神の慈愛のような原理を啓蒙思想家は考えた。ベネヴォレンス（Benevolence）がそれである。

啓蒙の時代には Benevolence は国境を越えるか否かが論争された。家族愛、祖国愛と人類愛は両立するであろうか？　どれが優位するのか、またすべきなのか？　といったことが論争された。[7]

現代から振り返ると、Beneficence や Benevolence は横の関係ではないように思われる。富者と貧者からなる格差社会の原理である。格差社会では正義は配分的正義によって補完されなければならない。にもかかわらず、シャーフツベリやハチスンはすべての人間＝人間本性に内在するものとしてのBenevolenceを横に広がる原理と考えた。人間本性は階級も国も越える。ラドクリフによれば（p. 222）、普遍愛の最も一貫した擁護者は、シャーフツベリ、ハチスンとジョナサン・エドワーズであった。彼らは規範と現実を混同したように見える。しかしこの三人には大きな差異があるように思われる。信仰におく比重は、ホイットフィールドとともにアメリカ植民地における信仰回復運動のリーダーであったエドワーズが圧倒的であり、シャーフツベリが最も少ない。ハチスンは中間である。同じBenevolenceを語っていても、貴族哲学者シャーフツベリと改革者ハチスンではその意味は相当に異なる。しかし、ハチスンがシャーフツベリの洗練の哲学の影響下にあったことは否定しがたい。一八世紀の啓蒙＝文明化の文脈では、二人は利己心の哲学者マンデヴィルに対抗して、感情の温和化に啓蒙の目標をおく穏健派啓蒙の旗手であった。

ハチスンたちの普遍的仁愛を正面から批判したのはヒュームである。バトラーとケイムズは普遍愛＝人類愛を弱い原理と理解した。「人間精神には人類愛そのもののような情念は存在しない。」（*Treatise of Human Nature*,（THN）, Oxford, 1978, p. 481）ヒュームはそれに代わって商業＝交換の正義が国内的にも、国際的にも友好関係を形成すると説いた。スミスも仁愛の普遍性を否定した。「我々の有効で優れた職務は、我々自身の国以上のいかなる広い社会にも拡張されることはきわめて稀である。」（*Theory of Moral Sentiments*,（TMS）, OUP, 1976, p. 235）ヒュームもスミスも商業によって結果として普遍的仁愛の目的が実現されるとしたのである。
リチャード・プライスやデイヴィッド・ハートリはハチスンに近い見解であった。[8]

キャロライン・ロビンズは、一七世紀末から一八世紀初頭にかけての敬虔な信仰の精神を研究者は軽視してきたと指摘しているが、[9]にもかかわらず世俗化は強力な流れであった。啓蒙はこの世俗的な個人主義を世俗的な文明社会（エピクロス主義）へと解き放ち、社交的にしようとした。宗教改革は原罪の思想（アウグスティヌス主義）に目を向けたが、啓蒙は原罪の教理に重きをおかなかった。厳密に言うと、啓蒙はプロテスタンティズムの影響を受けたが、それから生まれた思想ではない。啓蒙はそれ自体が、科学と知性の思想であり、社交性の思想であった。啓蒙はアリストテレスの公共的存在としての人間（Zoon Politikon）の概念を変形しつつ継承した。科学・技術は宗教とは違って、ルネサンスのヒューマニズム（人文主義）としてヨーロッパじゅうに広まった。ヒューマニズムは学問の思想であり、それ自体が学問であるから、どこにでも移植可能である。

啓蒙は、人間理性への信頼と定義しようと、人間的感情（情念）の発見として把握しようと、文明社会の擁護としてつかもうと、いずれにせよ暴力的支配ではなく、社会的な交流を通じて社会を変革し、また交流を通じて異文化社会が相互理解を推し進め、平和で豊かな共存をめざすという「社交性」Sociability あるいは「社会性」Sociality の思想であったことが決定的に重要である。

したがって、啓蒙を、人類愛、人間知性への信頼、社交性の思想、文明社会の擁護、学問・技芸の推進、宗教的寛容、平和主義などの諸要素の総合と見なしてよいだろう。その個々の要素は歴史的に散発的に方々で、いろんな時代に見出しうる。人間愛は古代ギリシアにもあったと思われるし、平和主義はわが平安文化の特徴でもあった。しかしながら、啓蒙が一八世紀のヨーロッパにおいて見られたような諸要素の総合として登場したことはそれまでになく、したがって啓蒙は歴史的に新しい現象であった。それを市民社会の思想と名づけてもよいし、世界市民の思想と言ってもよいかもしれない。啓蒙は歴史的概念としてヨーロッパに対しては一八世紀に当てはめることが、一般的な了解になっている。その理由はすでに理解されたであろう。

3　自然法と共和主義

ホッブズ、デカルト、スピノザ、ロック、プーフェンドルフなどを想起すればただちに了解しうるように、一七世紀にはすでに啓蒙の要素は相当多く生まれていた。しかしこの世紀には、いまだ宗教戦争が荒れ狂っていた。ペスト禍による大量死をも経験した一七世紀は、危機の世紀と言われるけれども、この時代はまさに狂信と熱狂の時代なのであった。この時代のホッブズからプーフェンドルフ、さらにニュートン、ベイルなどの著作が啓蒙の基礎となったことは疑いの余地がないけれども、彼らはいまだ「前啓蒙」に属するとするのが、これまでの通説である。しかし、彼らを「初期啓蒙」の思想家と理解したほうがよいのではないか？

他方、功利主義に牽引された一九世紀は産業革命を生み出したにもかかわらず、人間の知性の力に期待する啓蒙のオプティミズムが失われナショナリズムと戦争の時代となったから、啓蒙の要素は継承されたとしても、もはや啓蒙の時代というよりナショナリズムの時代であった。もちろん、ナショナリズムは一九世紀に突如生まれたものではない。その起源は近代初期にさかのぼる。けれども、一八世紀にはいまだ一九世紀ほど排外主義的な国民の思想にはならなかった。啓蒙の世界市民主義的要素が勝っていた。一九世紀も後半になると、ますます帝国主義的な覇権を争うようになった。

公共性の概念——公共圏の形成と公法

公共的な事物としての国家概念の形成が封建社会と近代社会をわかつ分水嶺である。それは国民国家概念の形成でもある。ゲルマン封建中世にとって公法概念を作り出すことがいかに困難であったかについては、マックス・ウェーバーの指摘にある通りであった。家共同体が解体し、擬制としての家国家観が崩壊して、公共圏が形成されるのと並行して公法概念が成立した。国民の概念が形成され、同意による政治が国家にあまねく浸透することが必要であった。

そのプロセスの中間には絶対君主による代表的具現が成立していた。[10] 絶対主義的なエリザベス一世、ジェイムズ一世、ルイ一四世などの国家はそうした絶対主義時代の過渡的な国家を表現するものであった。国家はまだ国王であった。しかし、市民社会が発展するにつれ、異なる次元から公共性の概念が生まれてくる。Kingdom から Commonwealth への転換にその事情は反映している。それはローマ法の再発見によっても、またマキァヴェッリによる古代の共和主義の復活によっても、推進された。

近代になると公法と家族法と私法の三分割から、家族法が消滅し、民法に組み入れられる。それは召使が解放され近代的な賃金労働者に転化するとともに、家族が公共的役割を失い、ますます親密圏となったことを意味する。それは個人の成立につながっている。こうした法の二元論は、私人と市民の分裂を引き起こす。個人は、私人としては家族に属し、市民としては国家に属することになる。ルソーが喝破したように、このような分割をもたらす根底には、社会の変化、経済の発展があった。召使や家族労働者が主人のもとに隷従していた時代から、徒弟制を経て、近代的な労働者になっていくという長期的な変化が存在した。新しい産業が成立してくる。このようにして経済社会が形成されてくると、政治社会にも影響を与えざるを得ない。

とくに市民階級、ブルジョアは、封建的な階級ではなく、自由人として政治概念の転換を先導する。そして彼らはマキァヴェッリやグィッチャルディーニが復活したギリシア・ローマの公共性の政治思想、すなわち共和主義を摂取する。復活した共和主義は、出版文化をはじめとする啓蒙の文化装置の普及とともにアルプスを越えて各地に広まっていく。すなわち、イタリアで復活された共和主義的な市民社会思想が、オランダをはじめとして、イングランドにも、フランスにも波及し浸透していく。

その間に、共和主義が多様なものとなっていくのは当然であろう。

啓蒙は自由と平等をめざした。個人の自立、市民相互の平等、政治的権利の平等な配分、共和主義的な政治社会などを追求した。所与の社会は縦の階級差別が貫かれた社会である。しかし、一八世紀のヨーロッパでは次第に社会が商業社会へと変化しつつあった。そこに市場の取引のような横の平等な正義、公正としての正義が浸透してくる。地域によって商業社会化の程度と進行速度は違っていたが、啓蒙の拠点となったのは、このような商業社会化が進んできた都市であった。

都市は商業の拠点となることによって、富を蓄積する。富は啓蒙の文化装置を生み出す。宮廷のサロンは貴族が主催者であるが、そこでの役者は作家であり、音楽家であり、詩人であり、哲学者となる。アカデミーができ、議会、裁判所、大学、図書館、劇場、博物館、美術館、植物園、公園、広場、市場、プロムナード、公道、橋、カフェ、居酒屋などに人びとが集まり、保養地も栄えるようになる。サロンやクラブのような親密空間も生まれる。さまざまな書物が求められ、出版業が発達し、新聞や雑誌の発行も盛んになる。商店街、目抜き通りもできてくる。さまざまな演技、見世物、大道芸なども登場する。こうした装置が、市民的文化の基盤となる。公共圏の誕生である。都市は住宅地でもあれば、社交空間でもある。王侯貴族がいてもかまわない。むしろ、彼らは奢侈的な文化、洗練の見本であり、パトロンでもあり、市民の欲望を刺激する文化の源泉でもあった。

封建社会との決定的な違いは、封建社会にはこうした公共圏はなく、宮廷や財宝は封建社会では掠奪対象であったのに対し、いまや、宮廷や財宝を掠奪しようという粗野な権力者は姿を消し、自らの財力で奢侈品は購入するものとなったことである。古い支配階級は、これによって散財し、没落した。こうして封建的暴政は終焉を迎える。これはスミスが強調した、幸運な見えざる手の働きの一つであった。交換の正義が横の関係を組織した。掠奪の対象を失った貴族は、奢侈的生活にスポーツを加え、戦闘から狩猟などへと活動を転換する。勤労は卑しい身分の役目であり、労苦であった。「顕示的消費」の概念によってヴェブレンが上流階級の奢侈的生活を描き出したように、商業、生産と勤労は高貴ではなかった。そのような価値観は、近代にまでもち越された。いかにして勤労を徳＝価値として評価するか、それが啓蒙の経済哲学者の課題でもあった。もとより、こうした変化がヨーロッパの一八世紀に全般的に見られたとしても、地域差もまた大きかったし、思想も地域によって多様であった。

4 共和主義と公共性

こうしたヨーロッパの啓蒙思想の一つの重要な要素であった共和主義思想と、その両サイドに位置する世界市民主義、およびナショナリズムとの関係を明らかにすることが必要である。同時に、自由主義や民主主義の概念との関係も明確化しなければならない。

その前提には、共通の遺産としてのヘレニズムとヘブライズム、ギリシア・ローマの遺産とキリスト教の伝統があり、自然法思想があったことは言うまでもない。こうした遺産と、新しい思想がどのような相克を展開したかという問題もあるが、それはここでは扱えない大問題である。

自然法と同じく、共和主義もヨーロッパの共通の伝統であった。その事実は、最近のスキナー、ゲルデレンの編著(11)が強調した通りである。とくにマキァヴェッリが統治論と関連して共和主義を押し出して以来、賛否両論を引き起こしつつ、君主政と共和主義は政治論争の主題であり続けた。もちろん、古来のプラトンの国家論と哲人為政者論、アリストテレスの政治学、徳論と政体論がルネサンス以来、復活され次第に改めてヨーロッパの共通の遺産になるというプロセスがあった。プラトンの理想国家論は、モアやカンパネラの最善政体論において姿態転換を遂げて復活したし、それ以外にも多数の理想国家論が書かれた。スコットランドでもウォレス、ヒューム、リードなどが理想の国制を描いた。

多くの思想家、とりわけ共和主義者は理想の政治制度の仕組みとともに為政者の資質・徳を問題にしたが、マキァヴェッリとともに、為政者のヴィルトゥが失われやすいものであることに注意を喚起していた。有徳の顧問官モアは国王ヘンリ八世の徳の欠如の犠牲になった。顧問官の徳も腐敗しがちであった。国家制度も腐敗すれば、人間も腐敗を免れないという認識が共通であった。つねに原理への復帰が問題となった。腐敗した国家は原理に復帰することによって蘇えらねばならないとされた。人間と国家の歴史は腐敗と原理への復帰の繰り返しであった。原理への復帰が革命であった。こうして政治と国家の歴史は循環を繰り返すものであった。

ギリシア・ローマの伝統においては、共通の事物、すなわち公共の仕組みと理念についての思索が政治学であった。人間はゾーン・ポリティコンであったから、個人は公共的存在でもあった。現実の国制と理想の国制についての思索としての政治学は共和主義の政治学であった。ゲルマン中世はまったく異なる世界像から出発した。ゲルマンは部族法典をもっていたものの、ローマ人の私法も公共性の思想も外部のものであった。ゲルマンにあってはローマ人の公共性は解体していた。ローマの共和主義思想はゲルマンに継承されなかった。

中世封建社会では、私的権力の闘争を軸にした社会形成が主流になった。領土支配、農地 Feudum が所有の基礎であることに変化はなかったが、封建的主従関係が新しい秩序原理として登場した。それは疑似個人主義的な原理であったが、縦の関係の原理であった。横の関係は無秩序であり、自然状態であった。封建的主従関係は統治契約説でもあったが、それは同輩中の第一人者としての君主権の正当性論をもたらした。君主権に続いて世襲権力が登場した。封建的領域国家の世々の国王こそ、フィルマーの『家父長制』(一六八〇年)の基盤である。古代の共和主義と中世の封建的君主政は対抗関係にあったが、前者は後者に影響を与え、やがて共和主義的君主像が成立する。ゲルマンの暴君は、やがてキリスト教を信奉し、ローマ共和国の思想を取り入れ、神聖ローマ皇帝を名乗るようになる。

共和主義的君主を実際に見出すことは容易ではなかった。知と徳を備えることは教育と経験に加えて、生まれながらの素質も関係したからである。どこにでも見出しえた暴君、専制君主、ミニ暴君としての貴族にたいして、中・下層階級はゲルマンの部族法典に起源をもつ抵抗権論、暴君放伐論に依拠して抵抗した。暴君放伐論は、サン・バルテルミーの虐殺を経て、ユグノーによって明確に定式化され、共和主義の武器ともなる。ユニウス・ブルートゥス『暴君放伐論』[12](一五七九年)とオットマンの

『フランコ・ガリア』(一五七三年)に由来する伝統は、やがてアイルランドのモールズワースの『デンマーク事情』(一六九二年)を生み出す。

自然法学者は三〇年戦争をはさむ時期にまさに内乱、戦乱を克服する手法として自然法思想を展開した。グロティウス、ホッブズ、プーフェンドルフ、ロックたちである。彼らは権力闘争の現実を権力だけで克服することはできないと考えた。彼らが援用したのは神の命令としての自然法の順守義務であり、社会契約による国家の形成という同意理論である。同意は義務を生む。契約は順守されねばならない。こうして外面ではなく内面を義務づける自然法思想が主流の思想となった。社会契約説は一八世紀にも継承され、ルソーやカントが援用するであろう。同意による政治という概念は、人民の主体的な意志行為であるがゆえに、人民を縛る拘束力があった。自然法に導かれて行為する人間の義務の順守に社会形成の原理を求めたのである。社会契約によって平和を実現するという自然法学者の思想は、しかしながら、いくぶん空想的であった。グロティウスもプーフェンドルフも自然法=神の法によって平和をもたらそうとしたが、それだけでは平和を実現することはできなかった。

ウェストファリア体制は勢力均衡によってかろうじて平和を実現した。勢力均衡も取り決めであり、ある種の契約ではあった。しかし、取り決めであるかぎり、それはしばしば侵犯されたのであって、実際に戦争は繰り返された。さらにまた新しい現実として、植民地争奪をめぐって、ますます激しく国家理性が対立した。

現実主義者は共和主義の原理に即して考える傾向があった。その原理とは徳と均衡である。共和主義者フレッチャーはブリテンとヨーロッパの平和をバランスの思想によって構築しようとした。商業は新しい力であり、もはや無視できなかった。大陸の戦争に加わり各地を遍歴したフレッチャーは、戦争の一方で、商業文明が発展していることを強く認識した。商業が戦争を激化させている面もある。商業と政治、軍事の力をいかに制御しうるかは、フレッチャーのような共和主義者にとって自明ではなかった。ホッブズは絶対主権の統括によって諸力を法的、制度的に序列化することで秩序を与えようとした。フレッチャーにとっては、内面だけを義務づける自然法は万能ではなかった。国家主権の法もまた国際秩序を規制する力はなかった。フレッチャーが注目したのは、ヨーロッパの再分割と攻守同盟の形成という連合と均衡であった。しかし、この提案は自然法思想に劣らず空想的であった。少なくとも当分の間は空想であるほかなかった。しかし、戦争の限定という目標に向かって自然法思想家も共和主義者も共同戦線を張っていたのである。

戦争は古来の営みであった。戦争原因はさまざまであったが、最大の原因は掠奪文化に求められる。文明は長く強者の支配であった。強者は良きものを独占しようとした。力による掠奪を否定する思想も古代に存在し、近代に伝えられた。ギリシアの古典哲学の徳の思想、ローマ法、キリスト教の愛などがそれである。古代ローマ文明は野蛮を支配しようとして帝国支配に辿りつき、やがて腐敗して野蛮となった。ゲルマン人は戦争によってローマの支配を滅ぼした。ゲルマン諸部族はローマを崩壊させてから権力争いを繰り返した。戦争と平和は交代を繰り返した。この循環をどうすれば断ち切れるのか？　啓蒙思想家もまたこの問題に直面していた。しかし、一八世紀は一面では長い繁栄を続けていた。戦争や動乱があるものの、ヨーロッパの近代社会は二〇〇年以上にわたって繁栄してきたというのが、アダム・スミスの認識である。戦争の限定に成功したのは火器の発明によるとスミスは述べている。

平和の産業が戦争に取って替わるにはどうすればよいか。それは共和主義者の問題でもあったが、彼らは徳とバランス、混合政体、勢力均衡などの概念によってこれに答えようとした。しかし、それは戦争と腐敗の一時的な抑止・制御の理論にはなりえても、廃絶の理論にはなりえなかった。戦争と内乱、テロリズムの廃絶はいまなお実現しない困難な課題である。

ボリングブルックはカトリックのヨーク公ジェイムズのために『愛国王』を書いて、良き君主の条件を明らかにした。それは共和主義的な国王像であった。最近の研究が強調しているように[13]、君主政は必ずしも共和主義と対立しないと考えられていたのである。もとより、共和主義は専制とは対立した。しかし、温和な君主政とは対立しなかった。問題の焦点は公共精神、祖国愛、愛国心にあった。家族愛と祖国愛は調和するのか？　祖国愛は人類愛とどう関係するのか？　私利と公益はどうすれば一致するのか？　問題は自明ではなかった。自然権思想が優越した一七世紀から一八世紀には、まぎれもなく個人主義が誕生し、私利の概念が登場する。家族もまた重要になってきた。私的所有の概念が鍛えられねばならなかったのは、そのような時代の要請であった。一方の自然権、私利、家族、所有と、他方の国家、公権力、公共精神、祖国愛とが対峙する一方で、人類共同体、人類愛、仁愛との関係も問題になったのである。こうした問題は自明ではなかった。したがって、解答は多様であった。

シャーフツベリが自愛心、家族愛、祖国愛、普遍的仁愛を矛盾せず調和すると考えたのはなぜか？神の被造物としての人間はすべて同胞である。同胞としての人間は、家族をもち、国家に属し、そして普遍世界にも地位をもっている。ハチスンもまたシャーフツベリに同調した。彼らはこの世に争いや騒乱があることを知らなかったわけではない。にもかかわらず、彼らがこのような調和の思想をもちえたのはなぜか？　それは、人間本性のなかに、道徳、善、慈悲、洗練、品位、平和、幸福を求める性質を見出し、そうした社会的感情、社会性の可能性に着目したからである。社会性あるいは社交性は一八世紀にきわめて重要な概念となる。

フレッチャーが舞台から退場した盛期啓蒙の時代に、ヨーロッパの各国は、前世紀ほどではないにせよ、頻繁に戦争をした。ウェストファリア条約によってようやく平和が回復したかに見えていたが、しかし、実際には、勢力均衡の背後で国家理性が国威発揚を戦略的に求めたのである。したがって、歴史とともに古い王位継承戦争も頻発したが、スペイン継承戦争やオーストリア継承戦争は勢力均衡を賭した国際戦争ともなったのである。国家理性と国家主権は、多くの国民を国益（national interest）の網の目に組み込み、家産制国家を近代的な国民国家へ転換するイデオロギーの役割を果たした。国家組織は国益の制度化であったから、イデオロギーや教育を通じて、アモルフな大衆を国民（nation, people）へと鍛造することが必要であった。(14) ヨーロッパ内部での領土争いもしばしば起こったが、アメリカとアジアにおける権益をめぐって、ブリテンとフランスの植民地争奪がいよいよ熾烈になった。

ウィッグ・キャノンの受容を介して、アングロ・サクスンの国制と名誉革命を理想化していたアメリカの革命家たちが母国と戦ったのは、母国の腐敗した議会を本来の原理に復帰させ再生させるためであった[15]。一七七六年に独立宣言を行なったアメリカは、母国との八年間にもわたる独立戦争に勝利し、一七八四年に独立を承認された。大陸会議の次のイシューは連邦共和国の形成であった。国家統合派と各邦自治派に分かれてたたかわれた論争は容易に収束せず、憲法制定会議は延々と議論を展開した。フランクリンのペンシルヴァニアは一院制議会であった。急進的な民主主義者は一院制論に立脚する傾向があった。大陸会議に派遣されたペンシルヴァニアの代議員は共和国も一院制にすべきであると主張し、アダムズなどの混合政体論と対立した。

フランクリンはフランスに滞在して一院制論を流布した。テュルゴやデュポン、コンドルセなどがそれを受容する。フランクリンの一院制議会論は、ルソーの一般意志の理論と融合して、フランス革命の思想を生み出し、こうして、やがてフランス革命は一院制の国民議会、国民公会、ジャコバン独裁を帰結する。欺瞞的な国民主権ではなく人民主権こそが真の民主主義であると主張されたのである。しかし、一院制議会は民衆の独裁を帰結しかねず危険であることが、アダムズなどによって主張されていた。アダムズもまたフランスに滞在して均衡国制の意義を説いたのであった。したがって、ジャコバン独裁は意図を超えた政治力学の産物であったとばかりは言えない。

終わりに

啓蒙の拠点はスコットランドにもあったが、フランスこそ最大の啓蒙の地であった。そしてまさに啓蒙の所産であるとともに、啓蒙を一掃したフランス革命は、やがてナポレオンのボナパルティズムに継承され、フランスは、通俗的な理解によれば、ナショナリズムの国となる。しかし、ナショナリズムを民族主義と理解するとすれば、フランス共和国はナショナリズムではなく、自由、平等、博愛を理念とする共和主義を原理とする国家であった。この国家は社会主義の挑戦を受けて、変転を遂げていく。

一九世紀から二〇世紀にかけての思想潮流の展開は本書では扱えないが、ナショナリズムと民族主義、そして自由主義と共和主義は、ヨーロッパにおいて、その後、複雑で混乱した歴史をたどることになる。そこに社会主義と帝国主義も加わったから混乱は増した。市民社会の概念も複雑になったし、国家とはなにかについての理解、国家観自体も混迷していく。この混迷は、ある意味では二〇世紀まで続いた。

一九世紀にも、二〇世紀にも啓蒙の要素は当然、継承された。一九世紀は産業革命によって機械の時代となり、地球の領土分割に拍車をかける帝国主義を生み出した。社会主義は帝国主義を乗り越えることができなかった。大工業時代の巨大な生産力は二〇世紀の戦争の惨禍を拡大した。二〇世紀の前半から中葉にかけては戦争と革命の極端な時代であった。帝国主義は続いていた。第二次大戦の講和が世界平和をめざすきっかけとなり、国連のもとに平和を追求することになったが、長く冷戦と熱核戦争の恐怖が世界を支配した。

二〇世紀の終わりになって冷戦が終焉して、ようやく国際協調の時代へと世界は向かい始めた。が、しかし、いまだ世界は平和な繁栄の時代を確立したとは言いがたい。核抑止によって暴力は封鎖されているが、核戦争の脅威が消滅したわけではない。恐怖や闇の支配からの啓蒙は、いまだに完成していない。現在の啓蒙は世界共和国の構築をめざさなければならないであろう。

啓蒙の始まりを一八世紀の初頭に設定しても、いまだ三〇〇年にしかならない。日本の啓蒙はせいぜい二〇〇年の歴史にすぎない。啓蒙の課題はいまだ完成していない――啓蒙の未完のプロジェクト――が、一八世紀のヨーロッパで啓蒙思想が生まれ、人間精神に希望が見出されたことは一八世紀の栄光であろう。その遺産はいまもなお我々との対話を待っている。

（1）　田中秀夫訳、京都大学学術出版会、二〇一〇年。

（2）　J. G. A. Pocock, *Barbalism and Religion*, Vol. 1, Cambridge U. P., 1999, p. 13. 彼は随所で複数の啓蒙、多様な啓蒙理解を示している。

（3） John Robertson, *The Case for Enlightenment, Scotland and Napoli*, Cambridge U. P., 2005.

（4） Jonathan Israel, *The Radical Enligtenment*, Oxford U. P., 2001.

（5） Donald Winch, *Adam Smith's Politics*, Cambridge, 1978.（永井義雄・近藤加代子訳『アダム・スミスの政治学』ミネルヴァ書房、一九八九年）

（6） Norman S. Fiering, "Irresistible Compassion: An Aspect of Eighteenth-Century Sympathy and Humanitarianism", *Journal of the History of Ideas*, 37-2, 1976, p. 212.

（7） Radcliffe, "Revolutionary Writing, Moral Philosophy, and Universal Benevolence in the Eighteenth Century", *JHI*, 54-2, 1993, pp. 222-8.

（8） Radcliffe, p. 224.

（9） Caroline Robbins, "Faith and Freedom（c. 1677-1729）", *Journal of the History of Ideas*, 36-1, 1975, p. 47.

（10） ピーター・バーク、石井三記訳『ルイ一四世――作られる太陽王』名古屋大学出版会、二〇〇四年。

（11） Martin van Gelderen and Quentin Skinner, eds., *Republicanism, A Shared Heritage*, 2 vols., Cambridge U. P., 2002.

（12） これには邦訳がある。城戸由紀子訳『僭主に対するウィンディキアエ』東信堂、一九九八年。

（13） Hans Brom ed., *Monarchism in the Age of Enlightenment*, Toronto, 2007.

（14） Linda Colley, *Britons: Forging the Nation, 1707-1837*, Yale U. P.（平田雅博ほか訳『イギリス国民の誕生』名古屋大学出版会、二〇〇〇年）

（15） Trevor Colbourn, *The Lamp of Experience*, 1965. Bernard Bailyn, *The Ideological Origins of the American Revolution*, pp. 80-81. Gordon Wood, *The Creation of the American Republic, 1776-1787*, 1969, p. 10.

第2章　啓蒙思想家の旅

1　グランド・ツアの時代

一八世紀のヨーロッパ、とくにイングランドの貴族がグランド・ツア[1]（一家総出の大旅行）を好んだように、知識人もまたしばしば長い旅をした。貴族の子息の個人教師としてグランド・ツアに随行する場合もあれば、政府の外交使節の一員となって行く場合も、従軍牧師、従軍医師などとして旅をする場合もあったし、また亡命者、あるいは移民となって旅をする場合もあった。生存を求める移民の旅は一八世紀にはありふれた旅であったが、犠牲も大きかった。もちろん留学の旅もあった。医師不足のアメリカ植民地から大挙エディンバラに留学した医学生の事例はよく知られている。ライデン大学に代わって、いまやエディンバラ大学が医学教育の最先端であったからである。

大西洋を横断する帆船時代の旅は危険に満ちていた。嵐もあれば、海賊もいた。スコットランドのハイランド地方には山賊もいた。自発的な旅もあれば、強制的な旅もあった。流刑者の旅もあれば、逃亡の旅もあった。総じてブリテンの貴族はフランスとイタリアへ大旅行をしたが、カリブ海やアメリカに行くことはまれであった。一八世紀に栄えた奴隷貿易は奴隷の旅であったはずだが、奴隷の旅は旅とは言わない。奴隷は人間とは見なされず、家畜同然の財産とされていたからである。

ルネサンス、大航海時代の開幕以来の、数々の冒険家、探検家、冒険商人、宣教師、軍人(征服者)の旅――遠征――もあり、膨大な記録、旅行記があるが、これは本章の射程外である。本章の課題はヨーロッパの学問共同体を形成した啓蒙思想家の旅を点描することである。

布教の旅

一六世紀にイグナティウス・デ・ロヨラが始めたイエズス会の世界への布教は、教育機関の設立とあいまって際立っていたが、一八世紀の啓蒙の時代にも各宗派の牧師が布教と福音の旅をしたことは言うまでもない。

オックスフォード大学教授としてメソジストを創始したジョン・ウェズリ(John Wesley, 1703-91)、アメリカの信仰回復運動家であった福音派のジョナサン・エドワーズ(Jonathan Edwards, 1703-58)やホイットフィールド(George Whitfield, 1714-1770)などは、ブリテンとアメリカの間の三〇〇〇マイルの大西洋を越えて伝道した大旅行家でもあった。

スコットランドの長老派のなかの福音主義的な民衆派(popular party)はカリブ海域に布教したが、帰国してからは奴隷制プランテーションの非人間性を告発した。トマス・クラークスン、ジェイムズ・

ラムジー、ウィリアム・ディクスンなどのイングランドとスコットランドのアボリショニスト（奴隷廃止論者）の旅を点描することは紙幅を必要とするので、ここでは扱えない[2]。

現地調査の旅

一八世紀にはフィールドワークはそれまで以上に盛んになった。監獄改革で知られる博愛主義者のジョン・ハワード（John Howard, 1726-90）は、監獄調査のためにヨーロッパ各地を視察したが、権力者は見せたくないものを見られるというので見学を妨害した模様であって、その旅は苦労の連続であった[3]。イングランドの農業経済学者アーサー・ヤング（Arthur Young, 1741-1820）のブリテンとフランスなどの大陸の農村調査の旅もまた有名である。ヤングは休耕地をなくし、施肥と輪作の推進による農業改良――ノーフォーク農法――を普及しようとした。彼はアイルランドにも旅したが、スペイン、イタリアにも足をのばしている[4]。

さまざまな種類の現地調査の旅をした知識人は多い。植物園や動物園を作るために、あるいはガーデニングのために、プラント・ハンターやアニマル・ハンターが世界を旅した。植物学ではリンネ、博物学のビュフォン、レオミュールが活躍した。人類学者もこの時代に登場した。ラフィトーはインディアンを調査した。未開と文明の対比が明らかとなり、アメリカ退化論が提出される。未開と野蛮を区別する「高貴な未開人」の概念も生まれた。未開を野蛮とみなすビュフォンと未開に高貴さをみとめるルソーは対立する。

フンボルト（Alexandar von Humboldt, 1769-1859）は一八世紀の末にヨーロッパ各地を旅して鉱山学などの自然科学に専念したが、一九世紀になると世界各地を飛び回ってありとあらゆる自然諸科学の研究を行なった。それは本章の枠外のことである。

言語調査や文化比較も盛んになる。東洋への関心も強くなり、いまでは「オリエンタリズム」と言われている一種のブームが始まっている。ウィリアム・ジョーンズ（William Jones, 1746-94）はインドに旅をして、サンスクリットとギリシア語、ラテン語の比較言語学を創始した。(5)

アイルランド人の旅

スミスの師のフランシス・ハチスン（Francis Hutcheson, 1694-1746）は、長老派であったために国教会派のダブリン大学には入れず、アイルランドを離れ、グラスゴウ大学に留学した。ハチスンは卒業後、アイルランドに戻って牧師となり、モールズワース・サークルに加わって、政治家で思想家のロバート・モールズワース（Robert Molesworth, 1656-1725）とともにアイルランドに自由な国制を確立する方途を考えていた。それはある種の革命の構想であった。その後、彼は母校グラスゴウ大学から招聘されて、一七三〇年に再び海を渡った。スミスなどの後進に広範な道徳哲学の教程を教えた彼は、一七四六年に郷里に帰ったが、風邪がもとでその年に他界している。

ハチスンのようにアイルランドとスコットランド、あるいはアイルランドとイングランド（ロンドン）の間を旅するアイルランドの知識人は比較的多かった。大都会ロンドンには宮廷と議会、王立協会、出版街と各種クラブ、コーヒー・ハウスなどがあり、そこは政治・経済、学芸・文化の中心地だったからである。モールズワース、スウィフト、バークリ、バークなどがそうである。

ダブリンに生まれ、ダブリン大学で学んだのちに、リンカンズ・インで法律の専門家としてのトレーニングを受けたものの、法律家にはならずに郷里に帰って地主政治家となっていたモールズワースは、アイルランドのジャコバイト支配から逃れて再びイングランドへと旅をした「コモンウェルスマン」（共和主義者）であった。名誉革命後の一六八九年に、彼はイングランドの大使としてデンマークの宮廷に赴任したが、デンマークの政情不安のなかで、不穏分子として一六九二年に追放されている。彼はその二年後に『一六九二年のデンマークの国情』と題したデンマークの専制を弾劾するパンフレットを出版したが、これは自由の歴史の記念碑的著作である。[6]

活動的な思想家であったジョージ・バークリ（George Berkeley, 1685-1753）はブリテン諸島間を旅しただけではない。大陸にもアメリカにも足をのばしており、比較的旅の多い人生であった。彼はダブリンの国教会派のトリニティ・カレッジに学び、『人間知識の原理』（『人知原理論』一七一〇年）と『ハイラスとフィロナスの対話三篇』（一七一三年）を書いてから、ロンドン、フランス、イタリアを旅している。[7] そして帰国後、母校の教師になったが、その後、聖職者に転じ、さらに布教とバミューダでの大学建設のためにアメリカに赴いたものの、志を果たすことができず、失意のうちに帰国した。晩年はオックスフォードに隠棲し、観念論哲学の完成に打ち込んだ。

2　スコットランド人の旅

啓蒙以前の人と言うべきか、初期啓蒙の人と言うべきか、スコットランドの愛国者フレッチャー（Andrew Fletcher, 1653-1716）がステュアート朝末期から名誉革命をはさんで、合邦以後までの時代に、スコットランドの伝統と独立を守ろうとして努力し、政治家として、また軍人としてイングランドと大陸を活動的に渡り歩く人生を送ったことは有名である。フレッチャーの時代は、戦乱と飢饉・貧困が絶えない時代であった。

貧しく過酷な時代状況が続いていたスコットランドのローリストンに生まれたジョン・ロー（John Law, 1671-1729）は、決闘で人を殺めてフランスへ逃亡の旅をした。企画精神の旺盛な（Man of System）彼は、フランスで財政赤字に悩む財政当局に取り入り、「ミシシッピ会社」と王立銀行を結合した「ローのシステム」を考案したが、財政を立て直すどころか、紙幣乱発とバブル経済を招いて経済をいっそう攪乱し、フランス革命の遠因をつくった。イタリアに逃亡したローは、ヴェネツィアで貧困のはてに他界している。ジャコバイトのプリンス・チャーリーは亡命地のローマに晩年を送った。

ローと同世代の法律家、サー・ジョン・クラーク（Sir John Clerk, 1676-1755）は一七世紀の終わりに、ライデンで法を学んでから、ウィーン、ヴェネツィア、ナポリ、フィレンツェ、ジェノヴァ、パリ、アムステルダムを旅したが、改めてローマにも一四カ月間、滞在している。彼は一七〇七年のイングランドとスコットランドの合邦交渉委員として頻繁に郷国とロンドンを往復した(8)。

エディンバラで法学を学び、弁護士となったジェイムズ・ステュアート（James Steuart, 1712-80）は、二〇代の一七三五年から四〇年にかけてヨーロッパ各地を旅している。その間に、大陸で反乱のときを待っていたジャコバイトと知り合う。いったん帰国した彼は、一七四五年の最後のジャコバイトの反乱（チャールズ・エドワードの乱）に加担して、敗走し、今度はエミグレとしてヨーロッパ各地を放浪した（一七四五―六三年）。長旅での豊富な見聞が彼の経済学の大著『経済の原理』（一七六七年）の執筆につながった。

ジェイムズ・ステュアートと同世代のヒューム（David Hume, 1711-76）もまたエディンバラ大学で法学教育を受けたが、法律家とはならなかった。法曹のケイムズ卿は暗記中心の法学教育を改善すべきであると主張していたが、ヒュームには法学は退屈で耐えがたかったのではないかと思われる。熱心な読書家であった彼が、しばらくブリストルで実業に従事した直後の若い日々（一七三四―三七年）をフランスのラ・フレーシュの僧院――デカルトがいたことで知られる――で過ごし、「思想の新情景」に目覚めて画期的な大著『人間本性論』（一七三九―四〇年）を書いたのは、あまりにも有名な話である。

ヒュームは、その後もヨーロッパを広く見聞して（一七四六年にフランス、四八年にイタリア、六三―六五年にフランスに滞在）文明社会の原理と多様性にまつわる社会認識を深めた。みずからの見聞によって、英仏両文明社会の共通点と差異を鋭く喝破したヒュームが、比較文明社会論に裏打ちされ、インダストリ（勤労）の概念を中軸におく、比較経済学の視野をもったポリティカル・エコノミーの学を構想し（『政治論集』一七五二年）、ジェイムズ・ステュアート、さらにはアダム・スミスの経済学の形成に大きな影響を与えたことは、よく知られているであろう。

ヒュームは、コンウェイ将軍のフォントノアの戦闘に秘書として随行し、そのままフランスにとどまったが、社交だけがその目的ではなく、ヒュームは外交の任務を与えられていた。

一七三四年以来エディンバラ大学の道徳哲学教授職にあったジョン・プリングル（John Pringle, 1707-82）は、ヒュームの数年先輩であったが、修学時代を医学生としてエディンバラ、ライデン、パリで過ごした。プリングルは、在職期間からするとウィリアム・ロバートスン（William Robertson, 1721-1793）などの穏健派知識人の教育にあたったのではないかと思われるが、委細はつまびらかではない。その後、彼は道徳哲学教授職に在籍したまま従軍医師としてフランスに行っている。任命権者の市会は二年間の不在を承認したが、プリングルが帰らないので、まずハチスン、ついでヒュームを招聘しようとして、ともに失敗した。プリングルは一七四五年に教授職を辞任し、卓越した臨床医であったためにロンドンで貴顕の侍医となった。彼は自然科学の分野で功績があった。

一七五〇年以来、母校グラスゴウ大学の教授であったアダム・スミス（Adam Smith, 1723-90）は、驚くべきことに、一七六四年に一〇年あまり在職した教授職をなげうった。スミスは、政治家・財政家として著名なチャールズ・タウンゼンドに説得され、タウンゼンドの甥である青年バックルー公爵の私教師となってグランド・ツアに随行することにしたのである。スミスは、スコットランド教会の穏健派知識人の雑誌『エディンバラ評論』第二号（一七五六年）に寄稿した「ヨーロッパ学界展望」で知られるように、早くからフランスの思想界に注目していたから、啓蒙の拠点であったフランスにひきつけられたことは間違いない。公爵から受けた三〇〇ポンドの年金も魅力であったのだろうか。

公爵とともにスミスは先輩ヒュームのいるフランスに赴いた。学生としてのイングランド体験（オックスフォード大学ベリオル・カレッジでの留学生活）、そして六〇年代のフランスでの見聞とフランスの啓蒙知識人（ケネー、チュルゴ、ヴォルテールたち）との交流が、『国富論』の執筆に大いに役立ったことは疑問の余地がない。スミスはケネーとヴォルテールを尊敬していた。

社会学の父とも言われるアダム・ファーガスン（Adam Ferguson, 1723-1816）は、セント・アンドルーズ大学とエディンバラ大学で学んだのち、ミルトン卿（Andrew Fletcher, Lord Milton, 1692-1766、愛国者フレッチャーの甥）の私設秘書を経て、ハイランド軍の従軍牧師補となったが、牧師補として一七四五年にはフォントノワの戦役――これには前述のようにヒュームも秘書として行った――に従軍し、その翌年にはブラック・ウォッチ連帯の主任牧師となってブルターニュ遠征に従軍している。また一七四七年にはベルゲンの戦闘に従軍した。こうして聖職者でありながら、ファーガスンはいくつもの大陸の戦役に加わって活動的な青年時代をすごした点で、スコットランド啓蒙知識人のなかではユニークな存在である。彼は一七五四年から五六年にかけてはオランダのフロニンヘンとドイツのライプツィッヒに滞在した。また一七七四年から翌年にかけて、エディンバラ大学の道徳哲学教授職に在職のまま、チェスタフィールド卿の子息の家庭教師として大陸に旅をした。

その後、帝国の危機の時代になって、アメリカの支持者であったプライスの『市民的自由』(一七七六年)を論駁したファーガスンは、政府よりの知識人として、植民地アメリカとの和解を模索するカーライル使節団の随員としてアメリカへ長い船旅をしているが、使命を果たすことができなかった(一七七八年)。

スコットランド人は国に職があれば概してとどまったが、なければまずロンドンをめざした。ジョン・ムーア(John Moor, 1729-1802)は医学を修めたが、グラスゴウの教授にはなれず、ローダーデール伯爵(James Maitland, 8th Earl of Lauderdale, 1759-1839)のグランド・ツアに雇われ、大陸旅行をし、有名な旅行記を書いた。それは従兄弟のトバイアス・スモレット(Tobias Smollett)の先例に従ったものである。(9) スコットランドの知識人は出版業者が集まったロンドンのグラブ街(Grub Street)にしばしば職を見出した。先蹤となったのはウィリアム・ガトリー(William Guthrie)で、彼は政府の御用作家となって二〇〇ポンドの年金を得た。あとを襲ったのは、ギルバート・ステュアート(Gilbert Stuart, 1742-1786)、ウィリアム・トムスン(William Thomson, 生没年不詳)、ウィリアム・ラッセル(William Russell, 1741-1793)、ジョン・ピンカートン(John Pinkerton, 1758-1826)などの多数の若者であり、「ブリティッシュ・コーヒー・ハウス」が彼らのたまり場となった。(10)

このように、一流の知識人がしばしば青年貴族のグランド・ツアに同行した重要な理由は、もとより生活のためもあるが、旅の楽しみもあれば、なによりも旅先で啓蒙思想家と交流できることにあった。しかし、啓蒙思想家の多くが長旅をしたわけでもない。むしろ、パスカルやカントのように自らの拠点に定住して、思索を深めることが多かった。

3　ブリテンの自由とフランスの豪奢

ヴォルテールやモンテスキューはロンドンをめざした。彼らには「ブリテンの自由」への憧れがあった。ジェイムズ・ステュアートやヒュームと同世代であったジュネーヴ生まれのジャン＝ジャック・ルソー (Rousseau, J.-J. 1712-78) は、花の都への憧れを隠しきれずに、植物採集や作曲を楽しみながら、ジュネーヴからアルプスを越えてパリへ放浪の旅をした。ボヘミアンのような放浪の旅を楽しんだルソーは最初のツーリストとも言われる。

ディドロと出会ったルソーは、やがて『学問芸術論』（一七五〇年）と『人間不平等起源論』（一七五五年）によってパリの思想界――およびヨーロッパの学問共和国――での地位を確立したが、先鋭な思想を盛り込んだ『社会契約論』と『エミール』（ともに一七六二年）の出版によって当局を敵にまわすこととなり、当局の弾圧をかいくぐってパリからイングランドへと逃亡に近い旅をせざるをえなくなる。支援者ヒュームとの仲たがいが旅の途上で起こったが、これもまた有名な事件である。強い疎外感に襲われていたルソーの感受性は啓蒙知識人のなかでも特異であったが、ルソーの著作にはスミスもカントも注目した。

もとより、当時の旅は楽ではなかった。バーミンガム―マンチェスター間のように、一部は舗装道路（ターンパイク）になっていたとはいえ、一般的に道路は悪く穴だらけで、馬車のスプリングも改良されたとはいえ、疲労は大きかった。宿場も未整備で、貴族は同輩の館をあてにすることが多かった。宿にトイレも風呂も常備していたわけではない。

海路も当時の船では安全とは言いがたかった。帆船時代だから風次第でもあったし、嵐にあって海の藻屑と消えた船も多い。大西洋を横断する旅は長く、危険であった。したがって、女性は旅を敬遠し、フランクリンもウィザスプーンも妻を郷里に残して大西洋を渡った。

陸路では街道に強盗が出没したし、公海には私掠船がいたから、旅に武器が必需品であった。それでも旅が与える楽しみもあれば、目的地での期待や抱負あるいは使命がまさったから、啓蒙思想家はしばしば旅をしたのである。

知識人の旅の行き先はさまざまである。スコットランド人が大陸、パリやイタリアの都市を好んだとすれば、フランスのフィロゾーフはヨーロッパ各地の宮廷に招かれたり、イングランドを訪問したりした。ワイマールの外交官でもあったゲーテはいくどもスイスとイタリアへと旅をしている。

まず英語で出されたヴォルテールの『哲学書簡』（別名『イングランド便り』、一七三三年）は、イングランドの自由を賛美した書物として著名であるが、イングランド旅行の副産物であった。

……次の点は断然イギリスの方に勝ち目のある、ローマとイギリスとの間のいっそう本質的な一つの相違点である。それは、ローマの内乱の結果が奴隷制だったのに、イギリスの騒乱のそれは自由だったということだ。イギリス人民は、王権に抗してこれを制限するまでに漕ぎつけた。そして努力に努力を重ねてついに賢明な政治を樹立したこの地上における唯一の人民である。この政治たるや、そこでは君主は善を行なうには全能であるが、悪を行なうには手が縛られて身動きならず、貴族は威張ることなくても家臣なくても優に強大であり、そして人民はごたごたなしに政治に参与しているのである。

イギリスの政治……の目的は、征服を行なうという輝かしい愚行を演ずることにはなくして、その隣国がそういうことをしないように阻止することである。この人民は己の自由をなににも増して念ずるばかりでなく、他国の人民のそれをもまた念ずるのである。イギリス人はかんかんになってルイ一四世に食ってかかったが、それはただ彼に野心があると思ったからにほかならない。(11)

同じくアングロ・マニアであったモンテスキューも、グランド・ツアの最終目的地にイングランドを選び、ウェストミンスター議会を傍聴した。彼が「イングランドの国制」の「権力分立」を学んだのは、ジャコバイトのボリングブルック（Henry St John, later Viscount Bolingbroke, 1678-1751）が書いた『クラフツマン』（一七二六—五二年）の論説からであった。啓蒙の時代にボリングブルックは案外読まれており、アメリカのジョン・アダムズやトマス・ジェファスンも半世紀後にボリングブルックを愛読するであろう。

ボリングブルックは一六九八年から二年間、フランス、スイス、イタリアへとグランド・ツアをしている。一七一五年にはジャコバイトの乱に関与してフランスに亡命した。一七二三年に一時帰国したが、国に落ち着いたのは一七二五年である。その後、一七二九年にはオランダとフランスに再度旅をしたが、入れ替わりにモンテスキューがこの年から三一年にかけてイングランドに来ている。その後も、政情不安のためもあってか、彼はフランス各地とイングランドを頻繁に往来した。

ボリングブルックは多面的な傑物でその思想は複雑である。マキァヴェッリの継承者、自然法思想家、共和主義者、立憲主義者、そしてジャコバイト、理神論者、保守的啓蒙思想家などというレッテルが彼には惜しげもなく貼られてきた。カトリックのフランスとの関連や歴史叙述上の貢献もある。その意味で一八世紀前半のオーガスタン時代のキーパースンの一人とも見なせるためであろうか、ボリングブルック研究は意外に英米では盛んである[12]。

イングランドの議会（パーラメント）とフランスの高等法院（パルルマン）は、似て非なるものであった。キャロライン・ロビンズが明らかにしたように、イングランドの議会政治は、君主の独裁政治に甘んじた大陸の知的エリートにとっては、羨望の的であった[13]。前世紀まではイタリア、オランダ、フランスの後塵を拝していたイングランドが、いまでは世界の最先端の民主政、制限政体、均衡国制を実現し、宗教的寛容もほぼ実現し、社会は繁栄していたから、その秘密を知りたかったのである。

イングランド人はというと、にわかに先進国民になったものの、しょせんは田舎紳士であったから、奢侈と美の国、文化財の宝庫でもあれば、流行の先端もいくフランスやイタリアへの憧れはやみがたかった。

彼らは大陸にも渡ったけれども、スコットランドの崇高美を求めてハイランドや島嶼の旅も楽しんだ。ロマン主義がいまや生まれようとしていた。ジェイムズ・マクファースン（James Macpherson, 1736-96）がハイランド地方、島嶼地方を旅して、ケルト民族の古歌を収集して、『フィンガル』（一七六二年）と『ティモラ』（一七六三年）——マクファースンは「オシアン」なるゲール詩人の作とした——を自由に編集し、ある種の捏造をしたのはいまでは有名な話であるが、それはまさに時代精神に合致していた。

当時、「オシアン」は真贋論争の焦点となったが、それでもブリテンだけでなく大陸でも知識人は同書を読んだのである。エディンバラ大学の詩学と修辞学の教授となって、のちにスミス譲りの『修辞学文学講義』（一七八三年）を刊行した穏健派牧師のヒュー・ブレア（Hugh Blair, 1718-1800）はマクファースンの熱心な擁護者であったが、「オシアン」を捏造として鋭く攻撃したのは、ロンドンの文壇の大御所、『スコットランド西部諸島の旅』（一七七五年）の著者サミュエル・ジョンスンであった。

このサミュエル・ジョンスンの旅は有名で、自然美にひきつけられた「崇高」と「ピクチャレスク」が注目される概念となる。ロンギヌスの『崇高について』が再版され、バークも『美と崇高』（一七五七年）を書いた。前述のように、ルソーは景観と植物採取を楽しみながら放浪の旅をした。

大ブリテンではポルトガルの保養地リスボンへの旅も人気があった。作家のヘンリ・フィールディングは『リスボン渡航記』（一七五五年）を残している。[14] グラスゴウ大学の道徳哲学教授としてハチスンの後任でありながら講義をしなかったと言われるクレイギーは、病を癒すために保養地リスボンをめざした。リスボンは一七五五年の大地震であえなく壊滅する。この時代に保養地として整備されたバースの温泉やブランタイアも知識人をひきつけた。

のちに歴史家となるギボンは、オックスフォードの学生時代に読書を通じてひそかにカトリックに改宗したことを父に叱られ、ローザンヌのプロテスタント牧師のもとに強制的に旅をさせられた。ギボンに影響を与えたのは国教会牧師で自由思想家のコナーズ・ミドルトン（Conyers Middleton, 1683-1750）の『自由な究明』（一七四九年）であった。ところが、ローザンヌでの、ピエール・ベイル、フォントネル、ジャンノーネなどの読書を通じて、ギボンはカトリック教会を軽蔑するにいたり、キリスト教に懐疑的となった。

その後、大陸の方々を旅したギボンは、一七六四年一〇月一五日、ローマのカピトール（カピトリヌス）の丘で夕日に照らされながら大著『ローマ帝国衰亡史』（一七七六年）の執筆を思いついた。ギボンの大著は大ブリテンでよく読まれた。大ブリテンは歴史の時代を迎えていた。

ブリテンからアメリカへの旅はさまざまであった。医師、牧師、植民地官僚などが多数アメリカに渡ったことは言うまでもない。思想家もアメリカに旅をしたり移民したりしている。一部にはフランクリンの影響があったことは疑えない。

ブルー・ストッキングの女性も旅を有意義と考えた。メアリ・ウォートリ・モンタギュ夫人は、夫がトルコの宮廷への大使となって赴任したのに同行して、『トルコ大使の手紙』（一七六三年）を書いた。
女ツキジデスの異名をとったキャサリン・マコーリ（Catharine Macaulay, 1731-91）はウィッグ派の共和主義者として文筆に精を出した人物である。エリザベス・モンタギュからロンドンの思想界に導かれたマコーリは、サミュエル・ジョンスンを知り、アメリカ人のサポーターであったトマス・ホリスの親友となった。彼女はロンドンでベンジャミン・ラッシュ、アーサー・リー、ジョサイア・クインシー・ジュニアなどと出会った。
彼女がコモンウェルスの伝統に立ってヒュームを反駁する大著『イングランド史』（一七六三—八三年）を二〇年かけて書いたことは有名である。一七七三年以来、コスモポリタンの彼女とマサチューセッツの共和主義者マーシー・オーティス・ウォーレンは二〇年に及ぶ友情あふれる往復書簡を交わした。彼女は一七七四年にバースに移り、地方名士として活躍した。一七七七年にはパリを訪問して、チュルゴに会っている。彼女はアメリカ支援者だったから、スパイを恐れ、フランクリンとの面談は警戒を必要とした。一七八四年から翌年にかけて、はるばるアメリカに旅をし、マウント・ヴァーノンにワシントンを訪ねた。彼女の影響力は急速に色褪せた。フランス革命に関し保守派のバークを批判し、また女性解放を主張した彼女の思想はメアリ・ウルストンクラフトによって継承された。[15] メアリは『女性の権利の擁護』（一七九〇年）を出版するや、憧れのフランスへ旅立った。[16]
同じく急進派のトマス・ペインも、アメリカに渡って『コモン・センス』（一七七六年）を書いて独立革命の狼煙をあげたが、その書名はスコットランド帰りの医師ラッシュのアイデアであった。バーミンガム暴動で家を焼かれたジョージフ・プリーストリは、失意のうちにアメリカへと旅をした。フランス革命はアメリカへの亡命者を生み出した。グラスゴウ大学法学教授ジョン・ミラーの弟子のトマス・ミュアは「人民の友」の会のアクティヴであったが、フランス革命後の反動の嵐のなかで弾圧されボタニー湾へと流された。ミラー自身の長男も妻とともにペンシルヴァニアに移民し、そこで熱病の犠牲となった。

4　ボズウェルの旅とコルシカ

フランクリンと親しかったサミュエル・ジョンスンが、スコットランド人のボズウェルといっしょにハイランド地方、「ヘブリディーズ諸島」への旅をしたことはあまりにも有名である。『スコットランド西方諸島の旅』（一七七四年）はその副産物であった。スコットランドはモントローズの名門に生まれたジェイムズ・ボズウェル（James Boswell, 1740-1795）は、グラスゴウ大学に学び、アダム・スミスの法学講義を聴いたが、とくに感銘は受けなかったらしい。彼はジョン・ミラーとは違って、スミスの弟子を自認せず、またスコットランドにも満足できずに、広い活動の場を求めて遍歴の人生を送るのである。

前世紀のジョン・オーブリにも似たフィールドワーカーでカサノヴァ的なエピキュリアンのボズウ

ェルは、多くの旅をし、さまざまな経験を重ね、多彩な人士に会い、膨大な旅の記録を残して、華々しい人生を送った。ボズウェルのサミュエル・ジョンスンとの出会いは一七六三年のことである。ボズウェルはジョンスンにいたく心酔し、以後ジョンスンの弟子として私淑し、旅につき添い、『ジョンスン伝』(17)（*Life of Samuel Johnson*, 1791）を書いた。

ボズウェルはイタリアへの旅でパスカル・パオリに出会う。『ノース・ブリトン』四五号での筆禍事件（一七六三年）によって議会で弾劾され議席を剝奪されて当地に避難していたウィルクス（John Wilkes, 1725-97）から、コルシカ独立運動の愛国者パオリ将軍（Pasquale di Paoli, 1726-1807）に紹介されたのであった。コルシカに関心を深めたボズウェルは『コルシカ論』（一七六八年）を刊行する。

パオリは一七五五年に、ジェノヴァの専制支配に対して貴族領主や小農民を組織して独立運動を展開し、島の大半を占領した。しかし、島がフランス領となってから抵抗は弾圧され、やがて一七六九年にはイングランドに亡命し、ボズウェルの導きでジョンスンの庇護を受けたのである。

ジャン＝ジャック・ルソーには「コルシカ憲法草案」がある(18)が、ボズウェルとルソーをつなぐものがあったとすれば、それは愛国的共和主義への強い関心であっただろう。専制政治と自由の戦い、独裁者と愛国者の戦いは、啓蒙の時代を迎えてからもいまだに続いていた。いな、むしろ市民が祖国の現状に目を向け、自国への関心をますます強く抱き始めた啓蒙の時代にこそ、専制との戦いはますます重要な課題となってきたと言わねばならない。フランスやブリテンのような文明化したヨーロッパの大国は、啓蒙の時代にあって自由と富裕を享受し始めていたとしても、その周辺国はしばしば植民地や属国となって大国に支配されていた。多くの小国の自由と独立を求めた戦いは一八世紀を彩っているのである。ポーランドも、オランダも、コルシカも、そうした境遇におかれていた。

フランスは一七六八年ごろにジェノヴァからコルシカの支配権を獲得した。イタリア半島に近く、ながくジェノヴァの支配下におかれていたとはいえ、小国コルシカは独自の伝統をもった島国である。コルシカとボズウェルの郷国スコットランドとは、規模は異なるものの大国への隷従という点で似た境遇にあったから、ボズウェルが関心をもったのには一理あると言えるだろう。一八世紀になるとジェノヴァの圧制にたいする反抗が本格的に始まった。四〇年にわたる抵抗戦争のさなか、一七三五年にジョバンニ・パオリはコルシカの独立を宣言したが、ジェノヴァ、フランス、スペインなどの干渉がやむことはなかった。ジョバンニの子供であったパスカル・パオリが独立運動を開始するのはリスボン地震でも記憶される一七五五年のことである。愛国者パオリは苦難の独立運動に投じたものの、ついに一七六九年に敗北した。

しかし、コルシカがフランスに同化されてしまうのは相当の無理があった。やがてコルシカからナポレオンが生まれるのは、もちろん偶然なのだが、偶然を超えるものがあったかのように思われてしまう。フランスで、ボズウェルはヴォルテールとともにルソーに会っているが、そのときボズウェルは、スコットランドの愛国者フレッチャーの伝記を書いてはどうかとルソーに勧めた、というエピソードが残されている。それが本当だとすれば、ボズウェルの内心では、祖国ジュネーヴの独立の誇りを失わなかったルソーと、合邦に反対した愛国者フレッチャーの共和主義精神が、共鳴していると感じられていたにちがいないのである。

ボズウェルはまさに旅に生きた人物である。そのボズウェルもアメリカへの旅はしていない。アメリカは、彼の関心の外にあった模様である。この時代に移民は別として、アメリカに旅行する人は少なかった。楽しい旅の時代は平和な時代である。戦乱のさなかには旅どころではない。従軍兵士は行軍という旅をするとも言えようが、それは旅としては本来の姿ではない。旅とはなにか。啓蒙の時代になって、いまや旅は人生そのものになりつつあった。もちろん、知的エリートの旅は啓蒙の一八世紀に始まったものではない。それまでの知識人の旅はどうだっただろうか。

5 学問共同体とアジールとしての大学

ホッブズのように大陸の宗教戦争、いわゆる三〇年戦争（一六一八―四八年）のさなかにアルプスを越えてガリレオに会うためにパドヴァをめざした例もある。パドヴァには分解―構成法という最新の科学方法論が生まれていた。

少なくとも一七世紀までは学者の学問共同体がヨーロッパには存在していた。ラテン語の世界である。ラテン語を話し、ラテン語で著述した思想家たちは、真理を求め、また学問的研鑽の場と知的交流を求めて移動した。遍歴職人さながら学者も旅をしたのである。商人たちがさまざまな財貨を運んで旅をしたことは言うまでもない。旅が商人たちのネットワークを構築した。また、そもそも中世においては、騎士や職人とおなじく、聖職者も学者も遍歴をしたのであった。パリやボローニャへと彼らは旅をした。一八世紀にも学問共同体の遺産はあったが、それぞれの国語に依拠する文化が次第に優勢となり、国民文化の時代となっていく。排他的になりがちの国民文化に、啓蒙の普遍的価値をどう継承し受容するかというのは、重要な課題であった。

ルネサンスの時代、ヨーロッパ各地の人文主義者（ヒューマニスト、ユマニスト）はイタリアをめざした。イングランドからもたくさんのヒューマニストがイタリアで学んでいる。自然哲学者はパドヴァをめざし、法学者はボローニャに滞在した。マキァヴェッリを生んだメディチ家のフィレンツェもまた旅人をひきつけてやまなかった。ユマニストに教育されたモンテーニュは総勢一二名からなる一団を率いて一五八〇年から一年あまりの間、スイス、ドイツをへてイタリアへの旅をし、旅日記を残している[19]。イタリアの圧倒的な影響は一七世紀まで続いており、ハリントンはヴェネツィアの共和政に恋をした。前述のように、ホッブズもまた三〇年戦争の最中に戦禍を避けながらガリレオに会うためにパドヴァをめざして旅した。

一七世紀になるとイタリアのほかに、学者はオランダへと旅をした。また各国、各地の宮廷は学者を招聘したから、思想家の移動は頻繁となった。デカルトやプーフェンドルフは方々へ旅をしている。

デカルトは一六一八年からヨーロッパ遍歴の旅に出ている。志願兵としてオランダに従軍したデカルトは、自己研鑽を求めて、デンマーク、ドイツに旅した。パリに戻ってからも北欧と東欧へ、そしてイタリアへと旅している。一六二八年以降はオランダに移住したデカルトは、そこで思索を深めた。[20]

アジールと大学

一七世紀に共和国連邦として栄えたオランダでは、商業的富を基盤にして学問と文化がおおいに発展した。ライデンをはじめとして自由を享受したオランダの大学は、異端審問で思想家を迫害したイタリアの没落を尻目に、世界の学術の頂点に立ち始めていたのである。寛容の国オランダにはグロティウスも、ピエール・ベイルもル・クレールも、スピノザもいた。ウィリアム・ペティはホッブズとともにライデン大学でベッサリウスの解剖学を学んだ。

王政復古で弾圧されたイングランドとスコットランドの政治家や思想家もオランダに亡命の旅をした。一七世紀のスコットランドの法学生もまたオランダのライデン、フロニンヘンなどに留学した。ローマ法を継受した両国の法には共通点があったし、この時代はオランダが法学の先進国であったためである。

プロテスタントのオランダは学問が栄えた大学の国であるとともに、異端を受け入れる寛容の国であり、アジールであった。ピルグリム・ファーザースが最初にめざしたのはオランダであった。初代シャーフツベリ伯爵、ロック、バーネット、カーステアズなどはエミグレとなってオランダに避難した。そして彼らはオレンジ公ウィリアムとその軍とともに、イングランドに帰還の旅をした。それが名誉革命である。

チャールズ二世からアメリカのデラウェアに広大な土地を与えられたクエーカー教徒のウィリアム・ペン（William Penn, 1644-1718）は、殉教者となるアルジャーノン・シドニーや農本的共和主義者であったハリントンと関係があった、ある種の共和主義者であるが、アメリカに渡り、そこに自らの「理想都市」の実現を託して、ペンシルヴァニア植民地と都市フィラデルフィアを建設した。

名誉革命後はオランダに替わって「自由な国」イングランドがアジールとなった。ナントの勅令の廃止によって、フランスのユグノーは、オランダへ、ドイツへ、またイングランドへと亡命の旅をした。一方、イングランドからはイタリア、フランス、スイスへと旅する知識人が絶えなかった。

ロックの弟子であった第三代シャーフツベリ伯（Anthony Ashley Cooper, 3rd Earl of Shaftesbury, 1671-1713）は『特徴』の初版（一七一一年）を見届けて、煤煙のロンドンをあとにして、ナポリへと旅立った。そこは二三年前のグランド・ツアで旅した最南端であったが、ナポリの美と建築がひきつけてやまなかった。[21]

ときを経て一八世紀の七〇年代にもなると、「自由な国制」を称賛されたブリテンはアメリカ問題で右傾化していく。フランクリンがブリテンに来たのはペンシルヴァニアとアメリカを代表してであったが、独立宣言以後にフランクリンはフランスへと旅をする。それは独立への支援を求めるための旅であった。同じころにのちに大統領となるジョン・アダムズもフランスを訪問し、オランダにも足をのばしている。

さらにフランス革命の時代には、イングランドも、スコットランドも、フランス革命の影響を遮断するために、政府が急進派への弾圧を厳しく行なうようになる。政治的自由は抑圧され、経済や文化活動も停滞する。こうして生きづらくなった急進派知識人は、独立革命を実現した自由の国アメリカへと亡命していく。今度はアメリカが自由と共和主義の苗床となり、急進派のアジールとなるのである。このように自由の精神も衰亡を繰り返す。自由の拠点の転移とともに、アジールも変遷する。老大国は自由の精神を失えば、活力も失い、やがては衰退するほかになくなるであろう。

いったん自由を得たかに見えたフランス革命は、反転して独裁を帰結するや、デュポン・ド・ヌムールのようなフランスからのアメリカへの亡命者を生み出す。政治的亡命者にたいする寛大な受け入れは、アメリカの伝統となる。一九世紀にジャガイモ飢饉に襲われたアイルランドから一〇〇万人もの移民がアメリカに渡った。そのなかにのちのケネディ大統領の祖先も含まれていた。二〇世紀にナチスに弾圧されたユダヤ人は、アメリカに亡命し、その大きな懐に救われるであろう。

一八世紀になると、思想家はますます自国語で著作するようになる。学問共同体は依然として存続していたが、共通言語のラテン語は通用性を次第に失っていく。スミスの師のハチスンは大学の講義を英語で行なったことで知られる。ヒュームやスミスはフランスに長く逗留するが、ラテン語ではなく、おそらくフランス語に英語を交えて話したのであろう。古典語の意義をめぐって、またそれを教育言語にするか否かをめぐって、方々で論争が起こる。実用主義者は古典教育を無用の長物と見なすようになる。

カトリック圏の啓蒙の大陸では宮廷文化、貴族のサロン文化の華が開き、フランス語がラテン語に替わって上流社会、エリート文化圏の通用語となっていく。フリードリヒの宮廷ではフランス語が話されていたというのは有名な話である。ロシアのエカテリーナの宮廷もまたフランス語の世界であった。エリート文化圏がフランス語の世界であるということは、ヴェルサイユ宮殿に象徴されるフランスの宮廷文化とフィロゾーフの影響力がそれだけ大きかったことを物語るであろう。外交官の使用言語は当分のあいだ、フランス語となる。

古代遺跡とルネサンスの遺産を豊饒にもつイタリアは、もちろん思想家をひきつける魅力をもち続けた。前述のように、ゲーテ（Johann Wolfgang von Goethe, 1749-1832）は一七八六年にアルプスを越えてイタリアへ旅し、その後もイタリア旅行を試みて『イタリア紀行』（刊行は一八一六―一二九年）を残した。[22]ゲーテをひきつけたのは、もはやアカデミーや大学の魅力ではなく、古代ローマの遺跡とルネサンスの美術と建築の輝かしい遺産であった。ロマン主義が生まれようとしていた。それはヘルダーやオシアンを通じて誘われたゲルマン的、ゴシック的世界への関心とシュトルム・ウント・ドランクの暗い情熱から、明るい光に満ちた古典主義への転換をもたらした。それはゲーテにおける啓蒙であった。

6　思想家の蔵書

こうした旅の目的の一つは現地の知識人との交流であったが、しばしば書籍の収集もまた目的の一部であった。ホッブズは庇護者のデヴォンシャー公爵のために、パドヴァへの旅の途上のパリで、ガリレオ・ガリレイの『新科学対話』（一六三六年）を探している。

ジェファスンが、独立革命が決着を見たあとの一七八五年から八九年にかけて、駐仏公使として滞在したパリで、大量の書籍を購入したのは、自身の蔵書にするためであるが、それは結果的に祖国アメリカの未来のためとなった。

啓蒙の時代に、言論出版の自由は多くの国で制約されていたが、出版活動はますます盛んになっていた。古典の再刊、国語への翻訳のほかに、次々と新しい書物が刊行されるようになっていた。定期的に刊行される「書評誌」や思想雑誌も前世紀から多数出るようになっていた。(23)

アダム・スミスがグラスゴウ大学でファウルズ兄弟の古典の出版を支援したことは有名である。またスコットランド啓蒙思想家の大部の著作がエディンバラとロンドンで刊行されたことには、スコットランド出身の出版者、アンドルー・ミラー、ウィリアム・ストラーン、アレグザンダー・キンケード、ウィリアム・クリーチやジョン・マリ(24)などが貢献した。(25)

一七、一八世紀には個人で数千冊の蔵書をもつ思想家が出てくる。アンドルー・フレッチャー、(26)アダム・スミス、(27)テュルゴ(28)などである。ジョン・ロックの蔵書も有名である。(29)ペンシルヴァニアのジョン・ローガンの蔵書もアメリカ啓蒙にとって重要であったし、ジェファスンの蔵書(30)は膨大であった。スミスに劣らずヒュームも立派な蔵書をもっていたらしいが、それは散逸した。(31)アボッツフォードに残されたスコットの蔵書も充実している。

ジェイムズ一世の蔵書が英国図書館（British Library）のもとであるのは周知のことである。貴族の蔵書は思想家のそれ以上に大規模であった。スミスなどに恩顧を与えたアーガイル公爵は一万冊を超える蔵書を所蔵していた。一七世紀の末に開館した弁護士図書館にはこの時期に三万冊の蔵書があって、ヒュームが『イングランド史』（一七四六―六一年）の執筆に利用した。エディンバラ大学には一万三千冊が所蔵されていたが、貴族の蔵書がそれに匹敵することは重要な事実である。ナポリの貴族思想家、ヴァレッタの蔵書も有名で、ヴィーコなどの世代を育てる役目を果たし、ナポリ啓蒙の温床の一角となった。

アメリカ人も集書に励んだ。第二代大統領となったジョン・アダムズ（John Adams, 1735-1826）はジョン・ミラーと同年生まれで碩学であったが、彼の膨大な蔵書の一部（三七〇〇冊）はボストン公立図書館に収蔵された。

そうした貴族や思想家の膨大な蔵書は、公共図書館がいまだ不十分だった時代には、インフラストラクチュアという意味をもったのである。ジェイムズ一世の蔵書はブリティッシュ・ライブラリーとなり、生涯、書物の蒐集に努めたジェファスンの蔵書はアメリカ国会図書館となった。各国の大学が図書館の充実に努めたことは言うまでもない。

一九世紀から二〇世紀にかけて、知識人はどのような仕事をし、どのような旅をし、学問共同体はどのようになったのであろうか。多くのことが知られているが、それは依然として興味深い問いである。けれどもその問いは本章の外にある。

（1）グランド・ツアについては以下を参照。Jeremy Black, *The British Abroad: The Grand Tour in the Eighteenth Century*, Sandpiper Books, 1999. 本書は旅の目的、旅程、交通、経費等から訪問地の飲食、芸術、文化また政治、経済にわたるツーリストの分析を紹介した詳細な研究である。Edward Chaney, *The Evolution of the Grand Tour: Anglo-Italian Cultural Relations since the Renaissance*, Frank Cass, 1998. Brian Dolan, *Ladies of the Grand Tour: British Women in Pursuit of Enlightenment and Adventure in Eighteenth-Century Europe*, Harper Collons, 2001. 日本語の著作として本城靖久『グランド・ツアー』中公文庫、一九九四年。高橋安光『旅・戦争・サロン』法政大学出版局、一九九一年。宮崎揚弘編『ヨーロッパ世界と旅』法政大学出版局、一九九七年。その後、岡田温司『グランドツアー』岩波新書、二〇一〇年が出ている。

（2）スコットランドについては、Ian White, *Scotland and the Abolition of Black Slavery, 1756-1838*, Edinburgh U. P., 2006.

（3）John Howard, *The State of the Prisons*, 1777.（抄訳、川北稔・森本真美訳『十八世紀ヨーロッパ監獄事情』岩波文庫、一九九四年）

（4）Arthur Young, *Travels during the Years 1787, 1788, and 1789*, London, 1794. 宮崎洋訳『フランス紀行』法政大学出版局、一九八三年。宮崎揚弘訳『スペイン・イタリア紀行』法政大学出版局、二〇一二年。

（5）サイードの有名な『オリエンタリズム』（Edward W. Said, *Orientalism*, 1978）は主に一九世紀以後を扱った研究であるが、「先駆的なオリエンタリスト」としてレイン、サシ、ヴォルネー、ジョーンズをあげている。板垣雄三・杉田英明監修、今沢紀子訳『オリエンタリズム』上、平凡社ライブラリー、一九九三年、三八四ページ。

（6）Caroline Robbins, *The Eighteenth-Century Commonwealthman*, Harvard U. P., 1959, Chap. 4 が古典的な研究である。

（7）バークリのイタリア旅行は Edward Chaney, *op. cit.*, chap. 12 が扱っている。

（8） Iain Gordon Brown, "Precarious Preferment in Apollo's Favorite Residence: London as Focus for Sir John Clerk's Political and Cultural Ambition", in *Scots in London in the Eighteenth Century*, ed. by Stana Nenadic, Lewisburg: Bucknell University Press, 2010, pp. 49, 51.

（9） Richard B. Sher, *The Enlightenment and the Book, Scottish Authors and their Publishers in Eighteenth-Century Britain, Ireland and America*, University of Chicago Press, 2006, p. 122.

（10） Ibid., pp. 122-29.

（11） ヴォルテール、林達夫訳『哲学書簡』岩波文庫、一九五一年、四七―四九ページ（訳文に手を加えた）。

（12） さしあたり以下を参照。David Armitage ed., *Bolingbroke, Political Writings*, Cambridge U. P., 1997, Introduction. 我が国での稀少な研究として、Shinji Nohara, "Bolingbroke and his Agnostic-Rational View of the World: Searching for the Religious Foundation of the Enlightenment", *The Kyoto Economic Review*, Vol. 80, No. 1, June 2011.

（13） Caroline Robbins, *Absolute Liberty*, Archon Books, 1982, pp. 121-130.

（14） Henry Fielding, *The Journal of a Voyage to Lisbon*, 1755. 鳥居塚正訳『リスボン渡航記』ニューカレントインターナショナル、一九九〇年。

（15） Kate Davies, *Catharine Macaulay and Mary Otis Warren: the Revolutionary Atlantic and the Politics of Gender*, Oxford U. P., 2005, pp. 228-47, 138-40 etc. *Biographical Dictionary of Modern British Radicals*, Vol. 1, 1979, pp. 304-5

（16） Brian Dolan, *Ladies of the Grand Tour*, *op. cit.*, p. 4.

（17） 中野好之訳『サミュエル・ジョンソン伝』三巻、みすず書房、一九八一―八三年。

（18） 木崎喜代治訳『コルシカ憲法草案』未來社、社会科学ゼミナール、一九七九年。以下の記述は本書の解説を参照した。

(19) 関根秀雄・斎藤広信訳『モンテーニュの旅日記』白水社、一九九二年。斎藤広信『旅するモンテーニュ』法政大学出版局、二〇一二年。

(20) 石井洋二郎『異郷の誘惑——旅するフランスの作家たち』東京大学出版会、二〇〇九年、二六ページ。一七世紀のフランス知識人でデカルトのように頻繁に旅に出たのは例外のようである。旅は危険であったし、フランス宮廷が彼らをひきつけたからでもある。

(21) Edward Chaney, *op. cit.*, p. 314.

(22) ゲーテのイタリア旅行に関しては、その動機から実際の行動まで『イタリア紀行』からは窺い知れない真相を暴露する研究がある(ロベルト・ザッペリ、津山拓也訳『知られざるゲーテ』法政大学出版局、二〇〇一年)が、個々の思想家の旅についても、そのような考察の余地があることは言うまでもない。本章のような点描では表面を綴ったにすぎないということになるだろうが、意味はあると思う。

(23) さしあたり、リュシアン・フェーブル、アンリ＝ジャン・マルタン、関根素子ほか訳『書物の出現』上、下、ちくま学芸文庫、一九九八年を参照。

(24) William J. Zachs, *The First John Murray, and the Late Eighteenth-Century London Book Trade*, Oxford U. P., 1998.

(25) Richard B. Sher, *The Enlightenment and the Book, Scottish Authors and their Publishers in Eighteenth-Century Britain, Ireland and America*, University of Chicago Press, 2006, pp. 36-37, and part II. 本書は一八世紀の大ブリテン、アイルランド、アメリカも含む、英語圏でのスコットランド知識人の著作の出版史の全貌を描いている。

(26) *BIBLIOTHECA FLETCHERIANA: or, the extraordinary library of Andrew Fletcher of Saltoun*, reconstructed and systematically arranged by P. J. M. Willems, Privately published, Wassenaar, 1999.

(27) Hiroshi Mizuta, *Adam Smith's Library, A Catalogue*, Oxford: Clarendon Press, 2000.

(28) 津田内匠『チュルゴの蔵書目録』、一橋大学、一九九四―五年。

(29) J. Harrison and P. Laslett eds., *The Library of John Locke*, Oxford U. P., 1965.

(30) James Gilreath and Douglas L. Wilson eds., *Thomas Jefferson's Library: A Catalog with the Entries in His Own Order*, New Jersey: The Law Book Exchange, 2008.

(31) David Fate Norton & Mary J. Norton, *The David Hume Library*, Edinburgh Bibliographical Society in Association with The National Library of Scotland, 1996.

第3章　大ブリテンの啓蒙──起源と文脈

1　啓蒙の起源

啓蒙の起源となったルネサンス（ヒューマニズム）と科学革命は、理性の力によってヨーロッパ社会の文明化をもたらした。文明化は合理化と関連しつつ進むものとしては歴史とともに古い現象であるが、啓蒙の文明化は中世社会からの急激な変化の産物として革命的変化であった。ルネサンスにおける古典人文学の再発見はヨーロッパの起源の発見でもあったが、キリスト教的伝統とは異なる異教文化の発見であった。それはイスラム化したスペインから入るとともに、またオスマン・トルコからの聖地奪回をめざす十字軍遠征の副産物でもあったということに、「意図を超えた」歴史の偶然と変動（ダイナミズム）の特徴が示されてもいる。このようにイスラムとの遭遇が、自らの遠い父祖たちの過去の遺産の発見を介して、自らの封建的な社会の崩壊につながっていくのである。

ヒューマニズムがキリスト教、カトリック神学へ浸透することによって発生した宗教改革──ルターやカルヴァンは代表的なヒューマニスト（人文主義者）であった――によってキリスト教世界がイデオロギー的に分裂し、この宗教対立がヨーロッパの多くの国において世俗的な政治的経済的利害対立と絡み合って宗教戦争へと激化する。宗教戦争は内戦ともなれば、国際紛争へと拡大もし、ヨーロッパに長い危機と暗黒の時代が到来する。いわゆる「危機の一七世紀」である。文明国同士が宗教を超えた覇権争いを繰り広げ、社会全般の危機にさえいたった。戦乱による国土の荒廃、人員の損傷に疫病はつきものであったから、病魔もまた社会を蝕んだ。

泥沼化した長く苦しい戦乱の結果、寛容思想や自由の概念がもたらされたが、それもまた「意図せざる結果」であった。

啓蒙はこうした危機の一七世紀の負の遺産を直視することによって、社交性、社会性の再建を課題とする思想であり運動であった。啓蒙の文明社会も洗練も穏健も、あるいは自由も寛容も、要するに、よりよき共存をめざす象徴的な概念であった。

公共空間の形成

啓蒙はその価値の信奉者相互間に社交空間を形成し、また社交性 sociability を育んでいった。公共空間の形成は、公共空間に登場する人間の社会性、シヴィック・ヴァーチューの形成を要請する。人間の本性に攻撃的性向とともに社交的性向を見出す人間学の転回と深化が必要であった。国家に取り込まれる国民ではなく、社会的主体性をもった市民、世界市民こそ啓蒙の市民でなければならなかったのである。

アウグスティヌスの原罪の教義によって汚されてしまった人間の本性の無垢への覚醒も生まれる必要があった。すなわちアウグスティヌス主義の克服が必要であった。アウグスティヌス主義の払拭は、キリスト教以前の古典共和主義の復活によって行なわれるか、エピクロス主義の再興によってなされた。啓蒙の社交性の哲学は、さらにまた強者による暴力的支配と抑圧を自明とする強者の哲学への挑戦であった。こうして啓蒙の社交性の哲学は、国家理性説にも挑戦し、宗教も国境も超えた世界市民主義、普遍的な啓蒙の世界、文芸共和国を展望したのである。

啓蒙の多様性

啓蒙はそれ自体のなかに、建設性、進歩性、革命性、保守性などの多様性をもっていた。名誉革命以後の英国では、商業の発展と、イングランド銀行の設立と公債発行を契機とする財政金融革命を通じて、社会の根底的変化が招来されつつあった。このオーガスタン時代（一八世紀前半）のイングランドに登場した（ウォルポールが代表するような）モダン・ウィッグの商業・金融イデオロギー――一種の重商主義――も、それに対抗した（フレッチャーから『カトーの手紙』やボリングブルックのような）ネオ・ハリントニアンの徳中心の共和主義的な社会思想も啓蒙の産物であった。

啓蒙の合理主義的精神は、マキァヴェリズムや重商主義を乗り越えて、ロックからヒューム、スミスへと展開される自由主義的な勤労のイデオロギーを生み出した。投機的商業を批判する思想として登場した有徳な勤労のイデオロギーは、平等化の思想（理念）ともなれば、階級分化（帰結）のイデオロギーともなった。こうして啓蒙の合理主義は規律ある「市民的資本主義」（ウェーバー）の精神、あるいは「穏和な商業」（モンテスキュー）の精神ともなった。啓蒙は宗教にも影響を与え、寛容と穏健主義を生み出す。

資本主義と結びついたメトロポリタン啓蒙（イングランド啓蒙）の合理主義は、啓蒙の内部では力による支配を批判したが、しかし、啓蒙の外部ではおのずから力の支配を生む傾向があった。知は力（ベーコン）であったから、知の格差は力の格差となって現実化した。すなわち、啓蒙の外部では、啓蒙の理性が利益追求と結びついて逆転したのである。啓蒙の内部で抑圧された暴力は、無力な外部にたいして、征服と植民地主義というかたちをとって、容赦なくふるわれた。

しかしながら、啓蒙はみずからを生んだ文明にも自己批判の目を向けるようになるとともに、科学と技術を伴った普遍的な理性の思想として、啓蒙の世界の周辺部、辺境にも波及し、やがて地球全体へと広がることが予想された。啓蒙の伝播は、こうしてそれぞれの地域において伝統との衝突を引き起こし、社会の変革の一大要因となっていく。

社交性

古典的伝統においても、キリスト教的伝統においても商業は人間を堕落させる卑しい営みであると理解されていた。しかし、いち早くイングランドでは、成功した商人は商業の幸福な報酬によって紳士になると理解されるようになった。社交が紳士《ジェントリー》の文化となる。やがて紳士の文化や習俗は中流階級に波及し、下層階級の関心を掻き立てるようになる。ロンドンでは、他人を訪問する場合は馬車を用いることが礼儀となる。(1)

このような社交文化の形成は、一面において、宗教の没落の間隙にあってモラルをいかにして再建するかという問題への応答であった。そして礼儀などの社会文化の形式は、野生の情念の規制と馴致、規律化を通じて、人間本性の社会化をうながすであろう。オーガスタン時代にあっては、ホントが注意をむけたように、いまだ人間の情念も粗暴で商業も乱暴な営みではあったが、(2)しかしながら、他方で人間本性――その理解の仕方には多様性があったが、神によって創られたものとしてそれは不変であった――自体を変革することにはならずとも、社会的な感情と思想がこうして次第に形成されつつあったのである。

大ブリテンの啓蒙

ロイ・ポーターの大著(3)が出たいまでは、「大ブリテンの啓蒙」という概念は確立されたのではないかと思われる。大ブリテンはイングランド、ウェールズ、スコットランド、北アイルランドの四国(地域)からなるが、大ブリテン啓蒙というとき、実質的にはイングランドとスコットランドの啓蒙を指しており、ウェールズは対象にならず、北アイルランドもどの程度の実質があるか疑問であろう。むしろ、アメリカ植民地が北アイルランド以上に啓蒙の実質を備えていたかもしれない。

一八世紀の北アイルランドにおける啓蒙思想家は希薄であり、ダブリンは大学も出版もジャーナリズムも備わってはいたが、公共圏をもつ啓蒙都市としては未成熟であった。その結果、啓蒙思想家としてはモールズワースや、バークリ、ハチスンなどを数えるにすぎない。ジョナサン・スウィフトやオリヴァー・ゴールドスミス、またエドマンド・バークなどはアイルランド出身とはいえ、イングランドで活躍した。

アメリカ植民地には、少なくともアイルランドに匹敵する程度の啓蒙があったと言えるかもしれない。荒野に開かれたフィラデルフィアは啓蒙の国際都市として繁栄し始めていた。ペンシルヴァニアはフランクリンの祖国となる。アメリカには植民地時代にすでに七大学があった。フィラデルフィア以外に、ボストン、ウィリアムズバーグ、ニューヨークの文明化は際立ちつつあった。人口の増加が示すように、大学もジャーナリズムも急速に発展しつつあった。

イングランドでは「オーガスタン時代」に、文芸共和国にとどまらず、議会政治のいわば外延としての広い公共圏（議論する公衆、読書階級、コーヒー・ハウスなど）が成立し、政府と在野の対立を反映したコート・カントリ論争の展開が示すように、政争がらみであったけれども、自由主義と共和主義の緊張に満ちた成長があった。ネオ・マキァヴェリアン・ポリティカル・エコノミーからやがてそれを克服する経済的自由主義のイデオロギーが姿を現わした。それは公共圏における「公論としての啓蒙」とでも言えよう。啓蒙は時代のイシューをめぐる公論への関心を国民の一部にかきたてる。その一部は当初は読み書きする自由人であるが、漸次より中下層に波及し、より多くの討議する公衆を生み出していく。

　そうした変動のなかで、一八世紀の後半になると、ディセンター（非国教徒）の学院などを拠点とするスコットランドやアメリカ、アイルランドの長老派などとも知的交流をもっていた。彼らはスコッ「聖職者啓蒙」（Clerical Enlightenment）が、目立たないけれども、展開したと言えるだろう。ポーコックは「保守的啓蒙」として聖職者の啓蒙を把握しているが、聖職者には急進主義者も含まれている。また非国教徒の啓蒙はロビンズの言う「コモンウェルスマン」の潮流とも一部重なっている。ロビンズが描き出した一八世紀のコモンウェルスマンは、基本的に啓蒙知識人であったし、急進主義者とも重なっている。啓蒙を論じるときに、こうした集団の区別は容易ではないが、重要である。大ざっぱに言えば、啓蒙のなかには、保守的啓蒙と急進的啓蒙があり、聖職者啓蒙は基本的に前者に属するが、ディセンターのように後者に属するものもある。(4)そして政治のヘゲモニーはコート・ウィッグが握ったけれども、思想としての啓蒙の本流はカントリ・ウィッグ寄りの改革思想家であった。

　長老派の強いスコットランドでは大学、法曹、教会を拠点にして典型的な啓蒙思想の開花があった。スコットランドはイングランドにもまして識字率が高く、知的基盤の形成が進んでいた。イングランドのジェントリに相当するレアード（地主階級）と自営農民などの改良運動も盛んで、啓蒙はより広い裾野をもっていたと言えるであろう。スコットランド啓蒙では、とくにエディンバラとグラスゴウが重要で、アバディーンが両都市に続いた。アバディーンはコモンウェルスマンを生んでいる。宗教改革の拠点となったセント・アンドルーズは狂信の後遺症というべきであろうか、凋落著しく、さほど華々しい啓蒙の動きを見せなかった。

スコットランド啓蒙についてはいまでは研究もあるので、(5) ここでは詳論は避け、最終節でいくらか触れることにする。ここではまずイングランド啓蒙を素描しよう。イングランドの初期啓蒙としては一七世紀の市民革命の思想をあげなければならないであろう。ホッブズ、ミルトン、ウォルイン、ロック、シドニーなどである。クエーカーのウィリアム・ペンも初期啓蒙思想家と呼んでよい側面をもっている。しかし、イギリス革命思想としてのイングランド初期啓蒙は他書に委ねざるを得ない。

ここでは「オーガスタン論争」を垣間見ておこう。そして非国教徒の啓蒙についても触れておきたい。

2 オーガスタン時代

政治と軍事をめぐる激しい、冒険的で英雄的なフレッチャーの時代——バロック時代——は去り、合邦（一七〇七年）後の大ブリテンは商業文明の時代を迎えた。対外的には依然として戦争の時代であったが、国内では商業活動が栄えていた。亡命ユグノーの末裔であったマンデヴィルはオランダからロンドンに来て開業医となったが、ロンドンの商業的活況に瞠目して、それを『ブンブン唸る蜂の巣』（一七〇五年）に喩えて賛美した。「私悪は公益なり」。

悪徳でさえ繁栄のもとであるとするその分析は、単純な逆説なのではなく、各人の欲望のむき出しの自由な追求が許されている大きな商業社会には、各人の意図を超えた法則が働くのだという認識を意味していた。利己心の追求が社会の繁栄になるというブルジョア的な自由主義思想であった。それはアダム・スミスの「見えざる手」、「意図せざる結果」の論理の先駆でもあったし、実質的に「有効需要」概念の発見でもあった。経済分析は、この医師の手で単純な重商主義的時事評論から科学的認識に向かって深化されつつあった。

他方、アディスンとスティールの『スペクテイター』(一七一一―一二年)やシャーフツベリの『人びと、習俗、意見、時代の特徴』(一七一一年)などに盛り込まれた「洗練」(Refinement)、ポライトネス(Politeness)の哲学が象徴するように、文明社会は啓蒙思想を生み出し、両者あいまって、次第に暴力と無知蒙昧――暗黒と神秘――の支配を克服し廃棄する理性的で、穏和な文化、行動様式、マナーをもたらしてきたが、さらに信頼を意味する信用制度の確立によっても、オーガスタン時代のイングランドは、交換社会の正義を生み出しつつあった。文明社会の内部は、もはや強者が弱者を掠奪する野蛮な社会ではなくなりつつあった。掠奪から交換へと行動原理が基本的に転換した。商業活動、生産と勤労が以前にもまして評価されるようになった。これもまた大ブリテンの啓蒙の成果であった。

高級な貴族的シャーフツベリの哲学はブルジョア的な利己主義の思想家であったマンデヴィルの批判を招いたが、『蜂の寓話』(一七一四年)のマンデヴィルの放縦の体系には、多くの非難と反発があった。圧倒的に反論が多かったが、本書が版を重ね、増補されていったことは、ひそかな支持があったことを意味するであろう。欲望の体系としての文明社会をマンデヴィルほど露骨に風刺し、暴露した思想家はいなかったが、それはオーガスタン時代のロンドンという都市社会の一面の鋭い分析であり描写であった。

アダム・スミスの師ともなるフランシス・ハチスンがアイルランドのダブリンにあって激しくマンデヴィルに応酬したことはよく知られている。オーガスタン時代にあって、上流の洗練（シャーフツベリ）が下降し（アディスン＝スティールとハチスン）、貪欲な商業文化（マンデヴィル）と衝突していたのである。社交世界において貴族的価値とブルジョア的価値が出会っていたと言ってもよい。貪欲で野卑なブルジョア的価値あるいはブルジョア的論理に一種の洗練（フェア・プレイ・ルールの遵守とその基盤としての各人の同感）を加え、貪欲で野蛮な商業文明観を穏和な勤労の商業社会観に転換するのはアダム・スミスの役割であった。

こうして美と調和と穏健を特徴とするシャーフツベリの「ポライト」な貴族的哲学[6]がスコットランドの大学の道徳哲学の講義と都市の社交文化のなかに取り入れられた。これはエリアスがヨーロッパ全般に跡づけた宮廷文化の普及としての「文明化[7]」のスコットランドの文脈における具体化にほかならない。文明社会のなかで貴族的洗練が次第に中間階級へと伝わっていくことになる。剝き出しの欲望の制御、情念の馴致、自己統制、自己規制が社交世界では求められる。勤労の交換——市場——にあってもそうで、等価交換が求められるようになる。そこにはそのような習慣の形成と伝播を可能にする素地としての生活水準の上昇、「民富の形成」という現実があった。

繁栄と腐敗

しかしながら、文明社会はいまだまったき穏和な社会になりきることはなかったし、また可能でもなかった。対外的に掠奪文化が続いていただけではない。国内でもしばしば激しい利権の争奪戦が繰り広げられた。南海泡沫事件（一七二〇年）のようなパニックも生じた。ウィッグとトーリーの政争も激しく続けられていたし、それは次第にコート（政権）とカントリ（在野）の政争へと対立軸を転換しつつあった。そしてまた腐敗政治家や貪欲な商人の利権漁りに反発した民衆暴動（モラル・エコノミー）も頻繁に起こったし、さらにまた反逆者の陰謀もしばしばみられた。ジャコバイトもまた反乱の機会を狙って勢力をたくわえていたのである。

名誉革命とイングランド銀行の財政金融革命、イングランドとスコットランドの合邦による大ブリテンの成立は、他の社会的諸要素と合わさって、マンデヴィルが喝破したような前代未聞の競争的で、ダイナミックな商業文明を生み出しつつあった。マンデヴィルは奢侈や悪徳を排除するのではなく、それも商業社会の活力の源となっているという現実に目を向け、依然として乱暴で野蛮な掠奪文化から脱皮できなかった社会の荒々しい側面にもまた、社会の繁栄への貢献がみられるのだという逆説に目を向けた。それはいわば「意図せざる結果」の暴露であった。

三年議会法が成立して、議会政治が被治者の同意を定期的に更新しつつ営まれるようになったことも重要であったが、この法はウォルポールによって七年議会法に置き換えられ、ウィッグの寡頭支配を強めた。民主主義は後退したが、政治的安定は増した。腐敗政治が罷り通るようになり、共和主義者は政権批判を強める。ウィッグとトーリーの対立に加えて、コート（宮廷＝政権）とカントリ（地方＝在野）が成立し、院内外において言論を通じて政治経済政策をめぐって応酬するという文化、公共圏が形成されたことが、議会政治の発展にとっても決定的に重要であった。それは一種の競争であり、競い合い（Emulation）であった。ジャーナリズムとコーヒー・ハウスは政治経済を国民に身近なものにし、漸次的に討議する公衆をふやしていったのである。これもまた啓蒙の一面であった。

言論出版文化

しかし、また二〇年にわたるウォルポールの時代が象徴するように、この時代には商業文明が栄え、金権腐敗政治が罷り通る一方で、文運の隆盛、言論出版文化の華が開いた。デフォー、スウィフト、アディスン、スティール、トレンチャード、ゴードン、マンデヴィル、ボリングブルックなどが公論に活躍し、ヴォルテールやモンテスキューがグランド・ツアの最終目的としてイングランドの、いな大ブリテンの議会政治と商業の繁栄する自由な社会を見学しにやってきたのは、この時代のことである。いわゆる「自由な国制」、「ブリテンの自由」を見届けに来たのである。自由な国制は、ロビンズが明らかにしたように(8)、彼らだけではなく、ヨーロッパ大陸諸国の知識人が羨望のまなざしをむけていたものである。

アメリカ植民地からフランクリンが初めてロンドンにやってきたのも、さほど遠い時期ではなかった。彼はオーガスタン時代の代表的な思想家であるマンデヴィルに会っている。この時期、ヨーロッパ大陸ではヴォルテールとモンテスキューが代表するように、ますます大ブリテンの政治的、経済的、宗教的な自由に注目が集まった。ハーバーマスによって流布された市民的公共圏がそこにはあった。市民は自分の利益、インタレストを追求する一方で、言論を通じて相互の意思疎通をはかり、社会的合意を形成していく民主主義の原型、あるいは共和主義的政治文化が形成されつつあったのである。

当然、出版も盛んになるし、ジャーナリズムが繁栄する。スコットランド人もロンドンで出版業を行なうようになる。ロンドンのグラブ・ストリート（Grub Street）はジャーナリズムの拠点となる。アディスンとスティールの有名な『タトラー』、『スペクテイター』、ボリングブルックが健筆を揮った『クラフツマン』、チャールズ・キングの『ブリティッシュ・マーチャント』、あるいはまた『ジェントルマンズ・マガジン』などの定期刊行物も出るようになった。トレンチャードとゴードンの『インディペンデント・ウィッグ』や『カトーの手紙』のような党派性の明白な雑誌も刊行された。スコットランド出身の出版者はウィリアム・ストラーン（William Strahan）もジョン・マリ（John Murray）も大学で教科書としても使える浩瀚な学術書の出版を手掛けた。

コート - カントリ論争

政治論争は、前述のように、前世紀に形成されたウィッグ（民党）とトーリー（王党）の対立軸に加えて、むしろそれ以上に、コート（宮廷派）とカントリ（在野）とに分かれて展開される時代となった。対立の座標が多元化し複雑になったことは、公共空間の自由が拡大したことの反映でもあった。議会でも、クラブやコーヒー・ハウス、あるいはサロンでも、あるいはまた各種出版物でも、あらゆることがらが論じられ、さまざまな市民的公共圏が形成されていった。消費革命という言葉が使われるように、生活も豊かになった。劇場も居酒屋も大道芸も繁栄した。各地から人びとが集まり、ロンドンは「大きな瘤」(コベット)となった。

豊かな生活、消費革命は、奢侈が下層階級にまで浸透する傾向をもたらし、道徳の退廃、習俗の腐敗堕落が憂慮されるようになる。下層階級を含む諸階級の欲望の追求を大胆に肯定したマンデヴィルの主張は、腐敗堕落を擁護するものとして、教会と国家、支配階級の顰蹙を買い、「奢侈論争」が展開された。(9) マンデヴィルの論説のなかには、「慈善学校不要論」のような司法の弾劾を受けるものもあった。論争はイングランドで華々しく行なわれたが、スコットランドでも反響があった。マンデヴィルの奢侈擁護論はハチスンの反撃を招いたが、しかし、やがてヒュームによって奢侈の概念が転換され、奢侈は安楽で快適な生活に寄与するものであって、人間性を高め勤労を刺激さえするのだと主張された。ヒュームの奢侈の人間性への寄与と経済的効用を重視する議論は、スミスに受け継がれた。こうしてマンデヴィルの思想は、新しく形成されつつあったポリティカル・エコノミーの学のなかにひそかに吸収されたのである。

重商主義と戦争政策

一七世紀にあっては海洋国家・商業国家として成長し始めていたイングランドの軍事的、商業的な競争相手国は、オランダ（ネーデルラント）であった。貿易と海洋支配において優位を誇っていたオランダのグロティウスは公海の自由を擁護して「自由海論」を唱えたが、それにたいしてイングランドのセルデンは「閉鎖海論」で対抗した。公海は私掠船による掠奪の海となっており、両者の利害は真っ向から対立し始めていた。オランダはアメリカにもニュー・アムステルダム植民地やデラウェア河沿岸地域などに商業拠点をもち、インディアンから毛皮を買ったりして貿易と航海業を営んでいた。インドでもアメリカでも利害対立が避けられなかった。若い海洋国家イングランドは、一七世紀後半にオランダにたび重なる戦争をしかけて、オランダの制海権を奪い、オランダをアメリカから駆逐したが、一八世紀になるとスコットランドとの合邦（一七〇七年）によって大国、大ブリテンとなって、前述のような財政金融革命を梃子に国力と軍事力を増大させた。こうして海洋帝国をめざした「軍事＝財政国家」大ブリテンは、やがて英仏七年戦争に勝利して、一七六〇年代には、大国フランスをアメリカから駆逐し、アメリカ植民地の大半を支配するにいたったのである。

ウォルポール時代のボリングブルックやパルトニ以来、カントリ派は公債、公的借り入れにたいして、自由を危うくする「腐敗」として攻撃していた。しかも公債の累積額は時代を経るごとに巨額となり、それは腐敗の深刻さを象徴するものでもあった。

腐敗の内実は、政府と金融階級の癒着、利払いが最終的にはジェントリ階級への地租の増税に帰着することによるジェントリ階級の没落を意味した。イングランドの自由、大ブリテンの自由を支えてきたのはジェントリ階級にほかならなかった。カントリ派が恐れたのは、ジェントリ階級の没落がもたらす国制の均衡の喪失である。国制の均衡の変動は、社会にさまざまな障害を生み出し、自由の喪失、専制政治に帰着すると恐れられた。

帝国は戦争を通じて拡大していった。不生産的な戦費を賄うために発行された公債は、七年戦争以前にすでに膨大に累積しており、国家財政と国家の信用はきわめて危機的な状況にあった。このような危機の認識は、ある程度、共有されていたように思われる。ポーコックが巧みに描き出したように、そもそも紙券信用が新しい発明であり、その基礎は発行主体の財政力の欠如にほかならず、したがって脆弱であったから、土地や実物に比べ、浮薄で信頼しがたいと思われていたし、しばしば「空想」(Fantasy) や気紛れな「運命の女神」(Fortuna) に擬せられもした。(10)

ヒュームは『政治論集』の公債論(一七五二年)で、世界王国の出現をチェックする大ブリテンとプロテスタント連合の勢力均衡政策にとって、戦費調達のための公債は必要悪だったという認識を示しつつも、その巨額の累積に関して警告を発していた。ヒュームの政策提言は、国家破産によって金融階級を犠牲にして、国民経済をもう一度健全なものとして再出発させるという議論のように思われるが、しかし必ずしも明確ではなく、いまだに研究者を悩ませている。それはともかくとして七年戦争によって国家の債務額はさらに肥大化し、危機的水準に達していたのである。

大ブリテンは、継続して重商主義的な好戦的政策を展開した。英仏七年戦争は、勝利したとはいえ大規模な消耗戦であった。大ブリテンの戦争政策は海洋帝国を実現する一方で、「帝国の危機」を深化させ、一七六三年の英仏七年戦争の終結とともにそれが顕在化した。すなわちブリテン帝国の財政危機と財政再建に直面したのである。この帝国の危機という文脈において、植民地アメリカは抜き差しならぬ本国との対立に直面する。本国によるアメリカ植民地への直接の課税という問題が登場したためである。本国の財政危機はフランスと植民地支配の覇権を争った膨大な戦費によってもたらされた。大ブリテンは戦費をとりわけ公債発行によって調達したが、その額は、ヒュームやスミス、プライスが恐れるほどの水準に達していた。

3　アメリカ啓蒙と書物の寄贈

アメリカ植民地ではイングランドの書物も読まれた。ロックは言うまでもない[11]。アダムズやジェファスンは、ボリングブルックから政党を超えた大統領制の青写真を学んだと言われている[12]。アメリカの啓蒙についてはウィザスプーンを通してアメリカに伝わったスコットランド啓蒙を強調し、スコットランドのアメリカへの影響をコモン・センス学派とほとんど同一視するのが従来の通説であったが、シャーが指摘するように[13]、スコットランド啓蒙の影響はそのような単純なものではない。スローンは注目すべき研究において、[14] スコットランド啓蒙のアメリカへの影響を取り上げ、大学設立を焦点として解明した。彼は、とりわけフランシス・アリスン、ジョン・ウィザスプーン、サミュエル・スタナップ・スミス、そしてベンジャミン・ラッシュの四人に注目している。[15]

アメリカとイングランドの交流も重要である。啓蒙の一八世紀の大ブリテンでは、アメリカに書物を贈るという慣習が生まれていた。アメリカに書物を寄贈した人物としては、バークリをはじめとして、スコットランドのアースキン（バハン伯爵）、リンカンズ・インのトマス・ホリス、トマス・ブランド・ホリスなどがいるが、とりわけ重要なのはトマス・ホリス（Thomas Hollis, 1720-1774）である。ホリスは、明確な意図をもって、イングランドの政治文献、とくにハリントン、ミルトン、シドニー、トレンチャード＝ゴードンの『カトーの手紙』などの共和主義文献をプリンストンのニュージャージー大学やハーヴァード大学、ヴァージニアの大学などに大量に寄贈した。[16] 自らもイングランドの共和主義者、コモンウェルスマンであったホリスは、共和主義文献を植民地の指導者に送ったのであった。[17] フランクリンにも贈っている。

啓蒙思想家の著作が蓄積されれば、啓蒙の時代になるなどといった単純な因果関係はないけれども、さまざまな書物が手に入り、言論出版の自由があるのでなければ、啓蒙の時代にはならない。啓蒙思想は、啓蒙の公共圏の形成とともにあり、後者は言論出版の自由、さまざまな書物の自由な流通がないところに形成されるはずがないからである。そしてその根底には、富の蓄積がある。

トマス・ホリスの亡きあとにはトマス・ブランド・ホリスがその事業を継承した。彼らが共和主義者、コモンウェルスマンの著作をアメリカに送ったということには、重要な意味があった。専制政治を批判し、自治、自由、独立の価値を主張していたのが共和主義文献だったから、あとから見れば、ホリスなどは三〇〇〇マイルの彼方から、いわば植民地独立のための種を撒いていたのである。

アイルランド出身の知識人にもアメリカに関心をもつ者はいた。誰にもまして哲学者ジョージ・バークリ（George Berkeley, 1685-1753）の名を挙げなければならない。終末論的な思想に導かれて[18]、バークリが空想的なバミューダ計画を企てたことはあまりにも有名である。バークリ家はイングランドの名門バークリ伯爵家に関係があった。王政復古ののちに、哲学者の祖父がアイルランドに移り住み、地主かつ収税吏となった。父も祖父の仕事をついで、地方の有力者となった。母の実家はダブリンで醸造業を営んでいた。そのような家に生まれた哲学者バークリは、敬虔な国教徒として生涯聖職を本業としたが、同時に、時代の諸問題に深い関心を抱いて多数の著作を書き、認識論を中心とした哲学のみならず、経済学についても、とくに貨幣論について考察を進めた。

彼は唯物論を批判する著作、『視覚新論』（一七〇九年）、『人知原理論』（一七一〇年）、『ハイラスとフィロナスの対話』（一七一三年）、『アルシフロン』（一七三二年）などを著したが、経済問題に関する『質問者』（一七三五―三七年）も書いた。彼の活躍は、ハチスンとスコットランド啓蒙にいくぶん先行しており、スコットランドの啓蒙世代に広く歓迎され、スコットランド啓蒙の知的源泉の一部ともなった。彼はまた一七二五年には、キリスト者として新大陸に大学を設立しキリスト教を布教しようとして行動を開始した。バミューダ計画はそうした夢の実践であった[19]。

バークリは一七二八年にはアメリカに渡ったが、しかし大学設立を実現するための資金を確保できずに、所期の事業に失敗した。けれどもアメリカへの夢は捨てきれず、彼はアメリカのハーヴァード大学やイェール大学に本を寄贈したのである。[20] バークリの経験論的観念論は、スコットランド、イングランド、アイルランドのみならず、アメリカにもやがて浸透していくが、反対にも出会い、大きな波になることはなかった。

自然法思想から社会発展論へ

一七世紀の自然法思想家は、プーフェンドルフに代表されるように、「人間と市民とキリスト教徒」の権利と義務を説いた。キリスト教徒でないものは、権利と義務において欠けるところがあるとされた。市民でないものは当然、市民権の保有者にはならないであろう。こうして人間としては同じ自然権をもつにしても、宗教と政治において人間は差別されてしかるべきものであった。いな、宗教の差異と政治的対立は人間を相互に敵にさえした。さらにまた自然状態と社会状態には根源的な差異があった。

一八世紀になると社会発展論、歴史発展論、そして博物学的な人類学が発展し、文明と未開の二分法だけではなく、狩猟、遊牧、農耕、商業という生活様式の四段階理論と進化の思想が生まれる。黒人やインディオははたして人間か。白人より劣った存在ではないのか。

法曹としてケイムズの同僚でありライヴァルでもあった、スコットランド高等民事裁判所判事のジェイムズ・バーネット、モンボド卿は、ルソーの弟子を任じていたが、その浩瀚な『言語起源論』(一七七三―九二年)のなかで、ビュフォンの『博物誌』(一七四九―八八年)などの人類学文献を参照しつつ、悪名高い話であるが、黒人を白人とオランウータンの中間の存在であると述べていた。(21)

そのような議論が啓蒙の時代になっても依然として罷り通っていたのである。なじみ深い「存在の偉大な連鎖」(ラヴジョイ)の思想は、人間を上位においたが、人間のなかに位階制を設けるのに都合がよかった。階級と人種との位階を設ける連鎖の思想は、進化論が誕生しつつあったときに、進化の図式にあてはめることさえできたのである。

先駆的な進化思想家ビュフォンは、その大冊『博物誌』において、アメリカの動物と住民の「退化説」を展開した。この退化説は広く普及した。アメリカ植民地人にとっては、この退化説を反駁することが是非とも必要であった。ジェファスンは『ヴァージニア覚書』でビュフォンの説を論難し、黒人とインディアンも同じ人間であると力説した。イングランドとスコットランドでは一七七〇年代にすでに奴隷解放判決が出ていた。(22) こうした人間観にもかかわらず、大プランター奴隷主のもとに生まれたヴァージニアのジェファスンには――彼は奴隷制に批判的であったが――奴隷制プランテーションを廃止する器量はなく、奴隷解放は夢にすぎなかった。啓蒙は奴隷制批判をもたらしたが、いまだアメリカの奴隷解放を実現するにはいたらなかった。

アメリカ独立革命

一八世紀末のアメリカ独立革命は、アメリカの歴史にとってのみならず、世界の歴史、近代史における最も重要な事件の一つであることは、多くの人の認めるところである。それは「独立宣言書」の公布という象徴的行為を生み出した。アメリカ革命は、この画期的な「人権宣言」に思想を表現して遂行されたから、普遍性をもつことができた(しかし、黒人とインディアンは人権の担い手から排除された)。もちろん、この人権宣言には、オランダ、イングランド、フランス、ドイツなどで育まれ、鍛えられ、継承されてきたヨーロッパの伝統としての近代の自然法思想、自然権思想が影響を与えている。

近代の自然法思想は、アメリカ独立宣言に、一つの最高の表現を見出したと言ってよい。アメリカ独立革命は、後世から見れば、当然の革命であったように見える。大ブリテンの植民地として保護と規制を受けていた段階から、成長して自立できる力をもち始めていたときに、歳入への過重な貢献を求められたことを植民地が不当な抑圧と感じたのは無理からぬことであった。したがってまた、従属から抵抗、自立への転換は、自然な行程であった。母国が代表権を与え、イングランドやスコットランドと対等の地位を与えない以上、権利宣言によって独立し、独自の国家形成へと進むのは、事物の自然の成り行きであったと言えるであろう。大国の一角に組み込まれた植民地を長期にわたって保持し続けることは、帝国がしばしば行なってきたことであるけれども、啓蒙の原理、近代の精神と衝突する。

4　スコットランドの学問

一七三〇年ごろからスコットランドの改良、すなわち経済発展は始まっていたが、この時期にはスコットランドの学問はいまだ幼弱であった。わずかにハチスンの活躍が際立っていたにすぎない。政治的な党派対立も激しく、ウィッグが支配していたものの、ウィッグはスクアドロンとアーガテリアンに分かれて権力闘争を展開しており、加えてフランスの後ろ盾をもっていたジャコバイトが反乱を起こす可能性がつねにあった。その脅威の可能性は、ヒュームのような鋭敏な知性の持ち主で、情報通でもあった思想家にとっても、必ずしも十分正確には把握できなかった。

ジャコバイトの反乱が鎮圧された一七四五年以降、スコットランドは本格的な改良の時代を迎え、開明的なアーガイル派の支配下に学問と芸術、文化の開花期、そしてやがて最盛期を迎える。すなわち、ハチスンを継承して、ヒュームやスミス、ファーガスン、ケイムズ、リード、ブレア、ロバートスン、カーライル、ジョン・ミラー、そしてデュガルト・ステュアートなどが活躍するスコットランド啓蒙の最盛期が到来し、大学は多くの学生を集め、教授たちは哲学をはじめとして政治、経済、歴史などに関する力のこもった体系的で浩瀚な著作を次々と出版した。コリン・マクローリン、ウィリアム・カレン医師、ブラック、モンロー、グレゴリーなどの優れた多彩な人物が輩出することによって、数学や物理学、医学、化学などの自然科学も驚異的な発展をみた。一七世紀を天才の世紀というが、スコットランドでは一八世紀こそ天才の世紀であった。

一八世紀になってからも、スコットランドでは異端審問は依然として行なわれていたし、宗教は他のところにおけるのと同じく社会的、政治的な差別の理由となったが、もはや異端が厳罰に処される時代ではなかった。寛容は勝利をおさめつつあった。一七五〇年代にケイムズは『道徳と宗教の原理』(一七五一年)で神を冒瀆しているとして、ヒュームとともにスコットランド教会の総会で論難された。イングランドでも非国教徒は、カトリックを含めて、差別され公職には就けなかったし、さまざまに抑圧されていた。アメリカには一部を除いてこのような差別はほとんどなかった。アメリカは富でも注目されるようになった。平等で自由で豊かな国という神話が生まれつつあった。大ブリテンに安定した職をもっていた知識人や中流階級は、移住するまでにはいたらなくとも、アメリカに本を贈るようになる。

デイヴィッド・スチュアート・アースキン、第十一代バハン伯爵(David Stuart Erskine, 11th Earl of Buchan)は、グラスゴウ大学で、急進主義的傾向で知られた共和主義者の法学教授ミラーに学んだ。(23)アースキンはアメリカに心酔した急進派であり、アメリカに移住を考えたほどであった。彼はワシントン将軍と手紙を交換した。トマス・ホリスと同じくアースキンもアメリカに本を贈る。ハーヴァード大学、イェール大学は彼から大量の本を受け取った。またエルザ・スタイルズもそうである。(24)

グラスゴウ大学は、少なくともハチスンの時代以来、「リアル・ウィッグ」（真正ウィッグ）、あるいはラディカル・ウィッグの温床でもあり、ブリテン諸島に「リアル・ウィッグ」の原理（共和主義的、自由主義的な政治思想）を普及する拠点の一つで、「徳の学校」として有名であった。ハチスン、リーチマン、ミラーなどの影響力をもった教授たちは、ハリントン、シドニー、フレッチャー、モールズワースからなる「リアル・ウィッグ」、すなわち共和主義の聖典を奨励していた。(25)

リアル・ウィッグとは、名誉革命と均衡国制を支持し、権力の専制化に警戒した急進的な共和主義者であり、その名はモールズワースの『リアル・ウィッグの原理』（*Principles of a Real Whig*）に由来する。均衡国制は王、貴族、庶民の三身分からなるものであるから、法に基づく正しい統治が行なわれる限り、王がいることと急進的な理論は必ずしも対立しない、と彼は主張した。立法は三身分が担うが、王は行政執行権を委ねられる。法に基づいて支配する王は人民に忠誠を要求できるが、人民は、保護、自由、財産の権利をもつ。王は悪政になった場合、全人民に責任を負う。王が国制と法を破って悪政を行なうことは、人民が君主に対して立ち上がるのに等しい反逆である。こうして抵抗権は当然のものとして認められた。ロックの政治理論とさほど異ならない、モールズワースのこのような見解は、リアル・ウィッグのいわば綱領であった。

グラスゴウには「オシアナ」を名乗る学生の討論クラブがあったし、また同じグラスゴウの「トリナンフォリアン・クラブ（Trinamphorian Club）」は、一七二〇年代にダブリンのモールズワースと文通しており、学長選挙への学生参加を認めてきた伝統的な制度を守る闘争において、モールズワースの強力な支援を得た。そのような共和主義的な自由の伝統はハチスン、スミスによっても継承され発展させられたけれども、とくにスミスの弟子であったジョン・ミラーは一七六一年から四〇年間、市民法の教授として影響力を発揮した。彼はトマス・ミュアやローダーデール、前述のバハン伯爵を教えただけではなく、改革を叫ぶ「人民の友の会」の活動的な会員であり、抑圧された人びとに対して厚い支援を惜しまなかった。また一七七一年以降に出版された彼の著作は、数は少なかったが、スコットランドの政治改革を先導した共和主義的自由主義者を養う主要な源泉となった。一七九八年のアイルランドの反乱に加担した三〇人の長老派牧師の三分の二がグラスゴウ大学の卒業生であった[26]。

アイルランドにもスコットランド啓蒙は大きな影響を与えたが、アメリカの学問にとっても、イングランドの過去の遺産のいかなる影響にもまして、スコットランドの同時代の学問の影響のほうが大きかったように思われる。アメリカはいまや世界の学問の頂点に立っていたスコットランドの大学に注目して、学問的に追いつこうと努める。そしてアメリカでもスコットランドからの移民とその子孫が、とくに医学と哲学を中心とする大学教育において、大きな影響力を発揮したのである。

アリストテレスからマキァヴェッリ、ハリントン、コモンウェルスマンを経て、ハチスンの道徳哲学やイングランド共和主義者の著作を通じて、またハチスンの弟子たちを通じて、共和主義の伝統はアメリカ植民地に定着していた。またヒュームを通じて、大共和国の可能性へとアメリカ人を導いたのも、共和主義であった。アメリカ革命もロックをはじめとするイングランド政治思想の遺産もさることながら、スコットランド啓蒙の影響なしにはありえなかった。こうしてアメリカ、北アイルランドを含めて、大ブリテンの啓蒙においてスコットランド啓蒙は決定的な役割を演じたのである。

（1） Susan E. Whyman, *Sociability and Power in Late-Stuart England: The Cultural Worlds of the Verneys 1660-1720*, Oxford University Press, 1999, pp. 81, 88-89.

（2） これが問題作 Istvan Hont, *Jealousy of Trade, International Competition and the Nation-State in Historical Perspective*, Harvard University Press, 2005（田中秀夫監訳『貿易の嫉妬』昭和堂、二〇〇九年）の主題である。

（3） Roy Porter, *The Creation of the Modern World: The Untold British Enlightenment*, W. W. Norton, 2000.; Do., *Enlightenment: Britain and the Creation of the Modern World*, Penguin, 2001 (new edition).

（4） ロビンズの『一八世紀のコモンウェルスマン』（Caroline Robbins, *The Eighteenth-Century Commonwealthman*, 1959）は非国教徒聖職者啓蒙の研究としても先駆的である。

（5） 最近の重要なものとして、Richard B. Sher, *The Enlightenment and the Book, Scottish Authors and Their Publishers in Eighteenth-Century Briain, Ireland and America*, The University of Chicago Press, Chicago and London, 2006. Roger L. Emerson, *Academic Patronage in the Scottish Enlightenment: Glasgow, Edinburgh and St Andrews Universities*, Edinburgh University Press, 2008. また一般向けに書かれた Arthur Herman, *The Scottish Enlightenment: The Scots' Invention of the Modern World*, Fourth Estate, 2002. 篠原久監訳、守田道夫訳『近代を創ったスコットランド人——啓蒙思想のグローバルな展開』昭和堂、二〇一二年も重要である。

（6） Lawrence E. Klein, *Shaftesbury and the Culture of Politeness: Moral discourse and cultural politics in early eighteenth-century England*, Cambridge U. P., 1994 をみよ。

（7） N. Ellias, *The Civilizing Process*, Vol. 1, New York, 1978. エリアス『文明化の過程』上下、法政大学出版局、一九七七、

一九七八年。

（8） Caroline Robbins, "Why the English Parliament Survived the Age of Absolutism: Some Explanations Offered by Writers of the 17th and 18th Centuries", in *Absolute Liberty*, 1983, pp. 121-132.

（9） Christopher Berry, *The Idea of Luxury: A Conceptual and Historical Investigation*, Cambridge U. P., 1994.

（10） J. G. A. Pocock, *Machiavellian Moment*, Princeton U. P., 1975. 田中・奥田・森岡訳『マキァヴェリアン・モーメント』名古屋大学出版会、二〇〇八年を参照。

（11） ロックがアメリカでどの程度の影響を与えたかについては論争がある。ベッカーやパングルが重視する一方、ウィルズやダンは重視しない。ダンを批判するアーネルも重視派である。Carl Becker, *The Declaration of Independence* (New York, 1922); Thomas Pangle, *The Spirit of Modern Republicanism: The Moral Vision of the American Founders and the Philosophy of Locke* (Chicago, 1988); Carry Wills, *Inventing America: Jefferson's Declaration of Independence* (Garden City, NJ, 1978), John Dunn, "The Politics of John Locke in England and America in the 18th Century", in John Yolton ed., *John Locke: Problems and Perspectives* (Cambridge, 1969); Barbara Arneil, *John Locke and America: The Defence of English Colonialism*, (Oxford: Clarendon Press, 1996). このように論争があるものの、インディアンからの土地剥奪、あるいは自然状態での労働所有権論において、ロックは植民者に正当化論を与えたし、また同意なき課税を抑圧として抵抗権の発動を正当化するロックの抵抗権論が植民地独立論の論拠となったことは、疑いをいれない。

（12） David Armitage, introduction to his ed., *Bolingbroke: Political Writings*, Cambridge U. P., 1997. p. xxiii.

（13） Richard Sher, "Introduction: Scottish-American Cultural Studies, Past and Present", in Richard B. Sher and Jeffrey R. Smitten eds., *Scotland and America in the Age of the Enlightenment*, Edinburgh University Press, 1990.

（14） Douglas Sloan, *The Scottish Enlightenment and the American College Ideal*, Teachers College Press, 1971.

（15）最近のアメリカ啓蒙研究では、ブリテン啓蒙やヨーロッパの啓蒙研究における傾向と同じように、多様な側面を抉り出すという傾向が目立っている。トーレが概括しているように、例えば、デイヴィッド・ジャフィーやジョン・フィーの「農村啓蒙」、すなわち「農本的アメリカにおける啓蒙」を掘り下げる研究、「啓蒙と宗教」の関係をめぐる多くの研究、そしてデルバーゴーの「電気と啓蒙」に注目したユニークな研究などがある。

（16）ハーヴァード大学図書館の展示室にはホリスが贈った共和主義文献が展示してある。以下にはそのリストがある。William H. Bond, "*From the Great Desire of Promoting Learning*": *Thomas Hollis's Gifts to the Harvard College Library*, *Harvard Library Bulletin*, vol. 19, No. 1-2, 2010.

（17）彼は、スコットランドの諸大学、ケンブリッジのトリニティ・カレッジ、ベルン（スイス）、イタリア、ドイツ、ロシア、ポーランド、フランスにも本を贈った。それは共和主義的文献だけではなかったが、ロビンズの指摘するように共和主義的な政治文献が最も重要な部分を占めていたことは確かである。Caroline Robbins, *The Eighteenth-Century Commonwealthman*, Harvard, 1959, pp. 265-266. Do., "The Strenuous Whig, Thomas Hollis of Lincoln's Inn", *William and Mary Quarterly* 7, (1950), pp. 405-53. Later in *Absolute Liberty*, 1983. また彼がハーヴァード大学に贈った膨大な書物の概要については、同じロビンズの論考 "Library of Liberty-Assembled for Harvard College by Thomas Hollis of Lincoln's Inn", in *Absolute Liberty*, pp. 206-229 を参照（一七六六年に訪問したエルザ・スタイルズはすでに一二〇〇巻以上に達していると見積もった。Ibid., p. 206）。アメリカの恩人というべきこのホリスについては、キャロライン・ロビンズ以後、新しい展開があってようやく研究が深められてきた。W. H. Bond, *Thomas Hollis of Lincoln's Inn: A Whig and his Books*, Cambridge U. P., 1990. Annabel Patterson, *Early modern Liberalism*, Chap. 1, "Deeds of peace: Thomas Hollis's republic of Letters", Cambridge U. P., 1997.

（18）David Berman, "Berkeley's Life and works," in Kenneth P. Winkler ed. *The Cambridge Companion to Berkeley*, Cambridge U. P.,

2005, p. 26.

(19) バークリの夢を乗せたパンフレットのフル・タイトルはこうである。*A Proposal for the Better Supplying of Churches in Our Foreign Plantations, and for Converting the Savage Americans to Christianity*, London, 1724. 第二版では以下のように続けられた。*by a College to be Elected in the Summer Islands, otherwise called the Isles of Bermuda*, 1725. Winkler ed., *Cambridge Companion to Berkeley*, p. 408

(20) Scott, *Francis Hutcheson*, 1900 (Reprint, 1966), p. 137.

(21) James Burnett, Lord Monboddo, *Of the Origin and Progress of Language*, (6 vols. 1773-1792), Vol. 1, Bk. II, Chap. IV, 2nd ed. 1774, pp. 270f.

(22) 筆者の『啓蒙と改革——ジョン・ミラー研究』名古屋大学出版会、一九九九年、一六五ページを参照。

(23) Liam Mcilvanney, *Burns the Radical: Poetry and Politics in Late Eighteenth-Century Scotland*, Tuckwell Press, 2002, p. 45.

(24) Andrew Hook, *Scotland and America 1750-1835*, Blackie: Glasgow and London, 1975, p. 83.

(25) Ian McBride, "The School of Virtue: Francis Hutcheson, Irish Presbyterians and the Scottish Enlightenment", in *Political Thought in Ireland Since the Seventeenth Century*, ed. by D. George Boyce and others, London, 1993, p. 86.

(26) E. W. McFarland, *Ireland and Scotland in the Age of Revolution: Planting the Green Bough, Edinburgh University Press*, 1994, p. 247.

第4章　啓蒙と野蛮——スコットランド啓蒙研究の可能性(1)

1　現代思想のキャノンの投げかけるもの

現代思想家あるいは二〇世紀後半の思想家のいくにんかは、啓蒙思想史研究にとって無視できない書物を残している。アドルノとホルクハイマーの共著『啓蒙の弁証法』(一九四七年)、アレントの『人間の条件』(一九五八年)や『革命について』(一九六三年)、ハーバーマスの『公共性の構造転換』(一九六二年)、フーコーの『狂気の歴史』(一九六一年)、『言葉と物』(一九六六年)、『監獄の誕生』(一九七五年)などである。

ハーバーマスだけが啓蒙思想、というより西ヨーロッパの啓蒙の時代に「市民的公共性」の成立をみて西欧の一八世紀の思想にポジティヴな評価をしていると解釈できるけれども、彼もまた、その市民的公共性はその後の社会の構造転換(管理社会化)によって失われてしまうというネガティヴな議論へと進む点で、啓蒙の批判的理性が十分に機能せずに、野蛮に反転したのはなぜかというアドルノ・ホルクハイマーの議論の深い刻印を引きずっている。

ここでの野蛮は異種なるものを劣等と決めつけ、有無を言わせず殲滅することを意味するが、野蛮とは、一般的に、他者にたいして、理解に努めず、乱暴に振る舞うことであり、最悪の場合は、他者の身体を毀損し、命を奪う行為を指す。他者を理解していても、友好的に振る舞うことなく、暴力的に抑圧したり、排除したりすることも野蛮である。暴力的な支配は野蛮であり、権力によって行使される暴力も、正当な理由を欠くときは野蛮である。したがって、高貴な未開人は真に高貴なかぎり野蛮人ではないし、洗練された文化をもった文明人も強欲に駆り立てられて、正当な理由なしに他者を支配したり抑圧したりする場合は、野蛮である。このような野蛮は啓蒙の価値である洗練とヒューマニティが克服をめざしたものであることは、改めて述べるまでもない。

急進的な保守思想家とも言うべきアレントは、全体主義の起源の解明とその克服を主題とする思想家であり、したがって啓蒙のあとにホロコーストがあったという認識を自らの思想と学問の大前提にした思想家であるが、近代の理性は道具的理性に堕したというこれまたホルクハイマーの認識を踏襲していると解釈できよう。彼女は活動、仕事、労働を人間の本質的な営みとして挙げつつも、古典共和主義的な言語的相互関係概念、行為概念である活動の意義を力説した(2)。公共的行為における自己実現、自己目的としての活動が重要なのは、人間が道具的存在であってはならないというアリストテレス的、カント的な認識の帰結である。近代の人権思想一般もまた同じ思想を掲げたが、自然権思想は個人主義的である点でアレントの公共性の思想と異なる。

フーコーも、近代と近代の思想に、異質なものを排除する志向と規律化、ミクロ権力、洗練された支配、社会の監獄化を透視する点で、アレントたちと共通のネガティヴな、しかし独自の近代批判を提出した。

そしていささか大雑把な言い方ではあるけれども、彼らの背後には啓蒙＝近代批判としての、マルクスの疎外論と物象化論、ウェーバーの合理化の帰結としての「鉄の檻」論が控えているように思える。

もちろん、こうした現代思想家の近代批判は、直接に啓蒙思想家の責任を問うものとは必ずしも言えないであろうが、しかし、それらの批判は啓蒙思想に無関係ではない以上、啓蒙思想の研究者はそうした批判を無視せずに受けとめる必要があるだろう。すなわち、啓蒙思想の研究を通して、現代思想家のこのような近代批判・啓蒙批判を黙殺するのではなく、それに応えなければならないと思われるのである。また実際に、啓蒙研究者は、目立たない形ではあるけれども、そのような批判にたいして、自らの研究を通して、いわば啓蒙思想家に代わって、多かれ少なかれ応えようとしてきたのだと思われる。なぜ啓蒙思想の研究を行なうのかという秘められたモチーフを、啓蒙思想史家は必ずしも語らないが、啓蒙思想の研究は、歴史研究一般と同じく、歴史研究を通じて社会・文化・思想に光をあて、ポジティヴなものとネガティヴなものの解明、またその両者の弁証法の解明をめざす営みであることに間違いないであろう。ウェーバーやE・H・カーを引くまでもなく、歴史研究は比較視点からする迂回的現代研究なのである。

現代思想家のなかでハイエク、ポパー、バーリンなどは、左右を問わず、全体主義的な思考に警鐘を鳴らし、近代の自由主義・個人主義に全体主義を克服する手がかりと可能性を求めたという意味で、啓蒙へのポジティヴな視点をもっているように思われるが、デカルト主義に代表されるような、啓蒙主流の理性の過大評価を戒めたという点では、単純な啓蒙礼賛ではないことは言うまでもないであろう。

冒頭に挙げたような現代のキャノンは、現代という時代のペシミズムに色濃く染めあげられている。近代文明の進歩は、進歩の理想を裏切って、前代未聞の悲劇を次々と繰り広げてきたから、それは無理からぬことである。ナチス・ドイツがホロコーストを生み出したということは厳然たる事実であるし、スターリン体制下のラーゲリ、日本軍による南京虐殺、米軍による広島と長崎への原爆投下、そして九・一一テロもまた恐ろしい衝撃であった。そのような衝撃的な出来事、悲劇に現代文明のすべての帰結を求める悲観論、さらにはすべてをペシミスティックに分析する決定論には、救いもなければ、可能性もない。またそのような事件を啓蒙の敗北として直接に啓蒙の責任であるかのように捉えるのは、正しいとは言えないであろう。

もっとも、啓蒙時代の西欧の強欲は、啓蒙思想家の強欲批判にもかかわらず、西インド諸島を中心とするカリブ海周辺での奴隷制を急速に拡大し、奴隷商人とプランターは暴利を貪ったから、そのかぎりで啓蒙は敗北したと言い得るであろう。しかし、半世紀後の奴隷貿易の廃止は啓蒙の勝利でもあった。

また啓蒙時代の大ブリテンについて言えば、この時代のジェントルマン資本主義は、支配と利権を求めて、アジア、アメリカ、アフリカへの帝国の道を模索し、原住民の文明化と収奪をほしいままに行なったのであるが、それを強く批判したアダム・スミスとて、現実を変革するにいたる有効な批判を行なえなかったことは、思想と学問の敗北であり、啓蒙の蹉跌であったと言わなければならない。のみならず、スミスの自由主義的な経済学を継承したマルサスによってヘイリーベリで教育された高等文官は、インド植民地に赴任して、インドの富で自らの懐を満杯にすることを恥じなかった(3)。

こうして近代と啓蒙は一方で厳しく断罪されてきたのであるが、しかしながら、過去数百年間を振りかえるまでもなく、絶望もあれば、希望もあるという弁証法を人類が経験してきたことは明らかなように思われる。絶望的出来事ばかりが思い浮かぶけれども、最近の希望の例をとると、ゴルバチョフの登場とペレストロイカ、そしてとりわけベルリンの壁の崩壊とそれに続いた東欧社会主義体制の解体と冷戦の終焉は、ユーゴスラヴィアの解体の帰結として内戦の悲劇を生まないではおかなかったが、にもかかわらず二〇世紀の最大の歓迎すべき事件であった。

歴史には、このように予想を越えた転換が起こりうることを現代人は改めて認識した。したがって、安易な楽観を説く無責任な言説はもとより退けなければならないけれども、ペシミスティックな絶望の大きな物語で社会と思想を覆うのではなく、つねに希望への可能性をもつものとして現実を見つめつつ、できるだけ緻密に社会と思想の可能性を分析する必要があるだろう。絶望的な第三世界を見つめてきたハーシュマン(4)や血で血を洗うような民族紛争を追いかけているイグナティエフ(5)が現代思想家に列して絶望を語らないのは、絶望から脱出する現実的可能性をつねに見据えているからである。

絶望と理性への不信を語る現代思想家の背後にあって、彼らがしばしば参照している、マルクスとウェーバーの理論を、またフロイトの思想を、ペシミズム一色で理解することは疑問である。マルクスは貧困からの解放の可能性を、ウェーバーは鉄の檻からの脱出の道の模索を、そしてフロイトは野生の馴致、文化への昇華を、決して諦めなかった。

またアカデミックな仕事は歴史であれ、理論であれ、緻密な分析と考察を通して、建設的な思想や活動の可能性を探ってきたように思われる。厳密な思想史分析の強みは、その意味で、やがて希望をもたらす細部に宿る光を照らすことにあるのかもしれない。

2　啓蒙概念の拡散

近年の欧米におけるスコットランド啓蒙研究の動向をみていて気づくことは、第一に、その研究テーマの多様性と広がりということであり、第二に、ますますフランス啓蒙の研究——それは他の啓蒙研究にはるかに先駆けて進んできた——と区別しがたくなってきたということである。これは研究者の問題関心と分析手法に、差異よりも共通性が強くなってきたということを意味する。

「啓蒙思想とはなにか」という問題は、スコットランド啓蒙研究にとってもつねに問題である。啓蒙の概念規定は、カントの有名な定義「未成年状態を脱却すること」——あるいは「敢えて賢かれ」、

「自己みずからの悟性を使用する勇気をもて！」――に始まり、今日のアナール派のさまざまな知的プロジェクトとしての啓蒙の概念まで、多様である。しかし、そもそも、ウートラムが指摘するように、(6)『ベルリン月報』が「啓蒙とはなにか」と問いかけたのは、ドイツ、フランス、イタリアで啓蒙の意味に差異があると思われていたからだ、というのは重要である。

けれども、全般的には、啓蒙を理性による無知からの人間の解放という普遍的運動として、普遍性に注目して捉える解釈が長く通説であった。啓蒙思想とはモンテスキュー、ディドロ、カントなどの古典によって生み出された「自然と社会」に関する共通性をもった思想を意味するという通説の代表はカッシーラーである。(7)ピーター・ゲイは啓蒙思想を「神経の回復」と「自由の科学」というサブテーマの束で括りながら、また啓蒙思想にアンシァン・レジームとの対決という戦略を読みとりながら、(8)カッシーラーの統一的理解を押し進めた。すなわち、ゲイは啓蒙のプログラムを宗教への敵対、理性の批判的能力による自由と進歩の追求として定義した。ゲイは啓蒙を自由主義的改革への志向と同一視した。したがってルソーを重視せず、(9)逆にジェファスンやフランクリンに着目することによって、ゲイは啓蒙の古典的思想家の範囲を拡張した。フランスとイングランドだけではなく、スコットランド、ドイツ、イタリア、アメリカの思想家にもゲイは注目した。当時としては、ゲイの視野は広く、啓蒙思想の範囲は拡大深化されたと言えよう。しかしながら、ゲイは思想の背後にある社会的文脈には関心を払うことが少なかった。(10)女性思想家にも光は当てられなかった。けれども、ゲイは啓蒙の統一性のなかでの差異と多様性に気づいていた。

ウートラムが指摘するように、ゲイの研究以後、啓蒙の統一像を求める傾向より、多様性に力点をおく傾向が次第に目立ってくるように思われる。その転換点に立つ著作を特定するのは困難に見える。ウートラムによれば、統一的理解を否定する転換点はメイの『アメリカ啓蒙』[11]であったが、スペインの植民地における啓蒙に着目したアルドリッジ[12]にはすでにそのような方向性があったという。

啓蒙の地理的領域がこうして一九七〇年代には拡大した。とくにフランコ・ヴェントゥーリ[13]がイタリア、ギリシア、バルカン半島、ポーランド、ハンガリーなどのヨーロッパの辺境、周縁における啓蒙の概念を提起したことの影響は大きいものがあった。この時期にスコットランド啓蒙の概念も成立する。ヴェントゥーリ[14]は周縁の啓蒙が、マージナルマン的に、啓蒙思想の孕む緊張をよりよく分析できたとしている。

一九七〇年以降、啓蒙の社会的基礎や思想の普及過程などに注目が広がっていく。ダーントン[15]やシャルチエ[16]が新しい動向の代表であった。啓蒙への接近方法は多様化した。こうして、研究の進展にしたがって、多様性と差異に注目する傾向が強くなってきたし、その研究成果は膨大な蓄積となっている。哲学や政治学、法学、経済学、社会学といった伝統的な学問だけでなく、構造主義以後の新学問、精神分析学、言語学、記号論、構造人類学、経済人類学、ミクロ・ヒストリーなどの新しい学問分野の理論的用具を援用した――そして啓蒙研究においてもテクスト・言説分析の方法の革新としての「言語論的転回」という傾向が圧倒的なものとなってきた――社会文化史的な啓蒙研究の結果、多くの新事実が発掘され解明されたけれども、啓蒙は今日ではもはや単純明快な定義をもたない曖昧な概念になってしまったことも否定できない。

けれども、啓蒙は、有閑階級のサロン文化にとどまるものではなく、先端的には急進的啓蒙が象徴するように、本質的に専制政治、野蛮、迷信との闘いであり、自由、洗練、合理性を求めた。思想と行動の自由、洗練・穏和化、相互理解をめざす啓蒙は著しい不平等も退けたから、社会の平等化もめざしたはずである。それぞれの地域の文脈において多様な形態をとったとしても、剝き出しの権力支配、頑迷固陋な迷信の支配、野生の力の暴威など――アンシァン・レジーム――に対決して、真理を追求し、正義と富、自由と平等、そして穏和で平和な文化をめざしたのが、啓蒙の精神であったことを忘れてはならないであろう。このような側面を強調するとき、啓蒙はもはや一八世紀に固有の概念ではありえず、地域によって啓蒙の時代は一八世紀からさらにさかのぼることも、下ることもありうるものとなる。現に初期啓蒙という用語がしばしば一七世紀に用いられているし(17)、明治啓蒙(18)、ウィーン啓蒙(19)はそれぞれ一九世紀、二〇世紀初頭を指して用いられている。

さらに啓蒙の下位概念として、いまふれた急進的啓蒙のほかに、聖職者啓蒙（Clerical Enlightenment)、保守的啓蒙（Conservative Enlightenment）などが用いられているのは、担い手集団によって差異があるからにほかならない。しかし、それらはすべて分析のための方法概念、二次的概念であることは言うまでもない。したがって、研究の進展によって維持しがたくなるとき、捨てられるであろう。例えば、「スコットランド歴史学派」の概念は、そのような運命にある。

他方、野蛮がかならずしも民衆の属性ではなく、むしろ新しい啓蒙の科学に孕まれた危険性の一つであるという視点をもったトムスンの民衆史は、啓蒙の別の地下水脈を掘ろうとしているが、それはいまだ思想史研究と適切に接合されていないように思われる。[20]そのことは、トムスンも源流に位置づけられるカルチュラル・スタディーズ[21]を啓蒙思想史研究にどう汲み上げるかという問題として受けとめるべきであろう。

3　スコットランド啓蒙研究の可能性

スコットランド啓蒙も啓蒙である以上、右に見たような研究動向が教える、多様な知的プロジェクトであるという資格は備えている。またグラスゴウ、エディンバラ、アバディーンにおける啓蒙のプロジェクトの差異に注目してローカル色を押し出すことにも根拠はある。しかし、そのプロジェクトのなかでとりわけ特徴的なのは、それぞれに独創性の程度は違うものの、道徳哲学の体系を多数もたらしたこと、法学と歴史学の体系的な著作、大著もまた多数もたらしたこと、そして経済学の体系も一、二生み出したことである。[22]近年の研究が著しく進展するなかで、とりわけポーコックがブリテンの啓蒙を強調するようになって以後、[23]スコットランド啓蒙のこのような特徴は忘却されがちであるが、ロバートスンが再確認を促していることは、重要である。[24]

そのような学問の発展を育んだ場所は直接には公共空間としての大学と図書館であった。神学を中心とするイングランドの二大学に対してスコットランドは四大学（セント・アンドルーズ、エディンバラ、グラスゴウ、アバディーン）を擁し、神学のみならず、世俗的な学問の新しい展開において、また国際交流においても、先進的であった。啓蒙時代のスコットランドの大学にはスコットランド、アイルランドからは言うまでもなく、イングランドからさえ学生が来た。スミスのようにスコットランドの大学を経て、イングランドの大学へ留学した場合もあるけれども、より多くは医学生、法学生としてオランダ（ライデン、ユトレヒト、フロニンヘンなど）へ留学した。しかもスミスはオックスフォードの学問の沈滞には辟易したのであった。ただし、貴族も、ジャコバイト知識人も、国際交流では先進的側面をもつ。

大学が学問と思想の拠点となったのは、前世紀から一八世紀にかけてのオランダ、ドイツ、スコットランドであった。大学は社会の統治階級を教育するという役割をもっていたが、そのことが逆に教授たちの学問に一定の特徴を与え、社会のリーダーの倫理、統治の知識を重視することにつながった。一六八〇年の弁護士会による創設の決定を受けて、サー・ジョージ・マッケンジーによって一六八九年に創立宣言がなされて始まったエディンバラの法曹図書館（ナショナル・ライブラリとなるのは一九二五年）は一八世紀初頭（一七〇九年）に納本制度を導入して以来、最初の本格的な図書館として法学を中心として歴史、神学、雑録を含む多数の文献を収集していた。[25] ヒュームが『イングランド史』を執筆できたのも、この図書館を利用できたからである。

またスコットランドは合邦によって議会をうしなったが、フレッチャーが恐れたように、文化全般と社会の活力がそれによって衰えたわけではなかった。議会に代わって、またサロンに代わって、大学、教会、図書館、そして街路(エディンバラのロイヤル・マイルのような)や「選良会」のような団体、さまざまな同好者の集い、コーヒー・ハウスなどが公共空間の役割を果たした。裕福な大貴族がいなかった禁欲的なカルヴィニストのスコットランドでは、ヴェルサイユ宮殿や貴婦人の宮廷におけるサロン文化のようなものはなかったし、劇場も攻撃されて演劇などの娯楽文化は低調であったが、しかし言論出版は栄え、『スコッツ・マガジン』(一七三九年創刊)のような定期刊行物をはじめとする出版文化は、最初の『エディンバラ評論』(一七五五―五六年)のように個々には破綻もあったが、全般的にはますます活況を呈していた。したがって、中間階級の文化が社会的必要を補完したと言えるかもしれない(26)。

大学、教会、法は合邦にもかかわらず、スコットランドに固有の、その意味で伝統的な制度が温存された。けれども、スコットランドの大学も、教会も、法も、イングランドにもまして改革の時代を迎えていたということに注目すべきであろう。大学は一七〇三年にエディンバラ大学の学長になった長老派牧師のカーステアズの改革以来、クラスもちあがりのリージェント制度から教授制度に移行していったし、カリキュラムも近代社会にふさわしいものに改革されていった。教会も前世紀の異端審問、魔女狩りの熱狂は去り、穏健派が支配権を握る時代に移っていく。法はステア、マッケンジー、アースキンなどによる前世紀以来の体系化によって、より合理的な体系へと整理、洗練されていく。限嗣相続制度のような復古現象も例外的には存在したが、伝統的制度にも進取の精神が吹き込まれていたということは、重要である。

そしてその根底に、封建社会から近代の商業社会へと急速に変貌していく社会の実態があった。ここでもアーガイル公爵やケイムズ卿からアンドルー・ワイトやオーミストンのコバーンまで、上流階級から中下層階級まで巻き込んで、所領の改良や計画村落、農法の改良、新作物の導入などの改良運動が展開された。ハイランドの平定と移民・移住・産業振興政策、とりわけリンネル産業を振興した産業振興協会、ミルトン卿とケイムズ卿のシヴィック・リーダーシップ、また限嗣封土権廃止運動における弁護士会とケイムズ卿の活動など、ランド（土地）からインダストリ（勤労）への価値の急転換の推進として理解できるであろう。

イングランドが体系的著作をもたらしたのは哲学、政治学と法学におけるホッブズ、ハリントン、ロック、自然哲学におけるニュートンを生み出した一七世紀後半のことである。フランスにも体系的著作は一六世紀のボダンの『国家論』、この時代のモンテスキューの『法の精神』、そしてルソーの『エミール』、ビュフォンの『博物誌』、ドルバックの『自然の体系』などのように、少なからず存在する。ドイツ語圏ではプーフェンドルフ、ライプニッツ、トマジウスの自然法学、そしてカントの著作などが有名である。

けれども、人口で同時代のイングランドの一割強と推定される小国スコットランドにおいて、一八世紀中葉以降ほとんど半世紀のあいだに書かれた体系的著作は、質量ともに群を抜いているように思われる。ハチスン、ターンブル、フォーダイス、ケイムズ、ウォレス、ヒューム、ファーガスン、スミス、ミラー、リード、モンボド、D・ステュアート、ロバートスン、ブレア、G・ステュアート、ウィザスプーン、J・ヒュームなどの数々の著作が、一七四五年の最後のジャコバイトの乱のころからフランス革命のころまでに刊行された。

それには好都合なさまざまな事情が関係していたが、これはたんに偶然でも程度の差でもないように思われる。すなわち、社会の学問精神の本質的な差異がここに表現されているのではないだろうか。説明は容易ではないが、これは方法とエートスの差異を示しているように推測される。なにがスコットランド啓蒙の著しい成果をもたらす原因として作用したと考えられるだろうか。

体系が体系の精神に堕してしまわないためには、経験的基礎が強固でなくてはならないが、それはイングランド経験論がスコットランドに教えた。スコットランドの体系はデカルト主義的体系ではない。体系自体は一七世紀の自然法、さらにはローマ法が伝えた。

しかし、スコットランドの自然法思想は、マンデヴィル流の「意図せざる結果」を重視する傾向がかなり強く、設計主義でも理性万能主義でもない。自然法思想の系論としての社会契約説は意図による結果の創出の思想であるが、この作為の論理を批判的、歴史的に検証する歴史的経験主義がスコットランドには存在した。社会契約説を堅持したハチスンの自然法思想、道徳哲学には、意図せざる結果の論理はなく、そのことはハチスンにおける歴史の不在と対応している。主体の論理によって社会を構築するという実践的姿勢がハチスンの特徴であるが、その背景にあるのはアイルランドとスコットランドの後進性であった。歴史的経験主義が定着するのは、一七四五年(ジャコバイトの最後の反乱）以後の急速なスコットランド社会の変貌のあとであり、おそらく、意図せざる結果の論理は、このような結果を経験した次の世代がはじめてもちえた比較的歴史的視点が教えたものと思われる。[27]私見では、今後論証しなければならないけれども、ハチスンの自然法とヒューム、スミスの歴史主義を媒介するのは、あるいは両者の中間点に立つのは、ケイムズの摂理史観であり、ミークとシュタインが注目しているように、[28]ケイムズの『法史論集』に先駆的な、四段階論に近い歴史発展論が見られるのはそのような裏づけとなるであろう。

持続的な学問的精励のエートスは、産業における勤労の気風とともに、後進プロテスタント小国というスコットランドの境遇から生まれた。この点ではオランダというプロテスタント先進小国の模範がもちろんあった。

ストラーン（William Strahan）やマリ（John Murray）のようにロンドンに出て出版業に成功したスコットランド人の意欲的な支援も、スコットランドの学問の振興に好都合であった。[29]

このようなさまざまな内的・外的要因の作用の結果としてスコットランド啓蒙の精華の形成を理解する研究は、まだ精緻に遂行すべき余地を残しているし、スコットランド啓蒙の国際的契機――アイルランド、アメリカ、フランス、オランダ、ドイツ、イタリア、そしてイングランド――の究明も多くは未開拓である。

スコットランド啓蒙の盛期は一七四五年のジャコバイトの敗北以後に到来するが、一七〇七年の合邦が啓蒙にたいしてもった意味をジャコバイト運動との比較の視点から考察することは、多くの研究が遂行してきた。また啓蒙思想の起源を一七世紀スコットランドにさかのぼって検出するという研究もなくはない。しかし、そのような内在的要因の分析だけでは不十分であって、とくに大陸の思想の影響に注目する研究が不足している。さらにまたロバートスンが代表するように、大ブリテンの帝国形成の文脈でスコットランド啓蒙を理解するという研究動向も近年生まれてきている[30]。

いずれにせよ、すでに膨大な研究業績が存在しているものの、フランス啓蒙の研究成果に比して、まだまだ十分に解明されていない問題、側面が多数存在するのであって、スコットランド啓蒙研究の可能性は大きい。

スコットランド啓蒙の精華としての体系的経験主義的な社会の学問——道徳哲学、歴史学、経済学——は土着と外来の諸要素のアマルガムであり、ハイブリッドであった。ハイブリッドな社会の学問として異例の生産性を実現したスコットランドの学問そのものの、より深い分析が求められているように思われる。この雑種性は重要である。自然法と共和主義とキリスト教という異なる伝統の相克が、スコットランドにおいて激しい発酵を経験して、新しい雑種としての道徳哲学と歴史哲学と経済学を生み出すことに大きな影響を与えたということは、ほぼ確かなことである。このように、雑種がもたらす新しい可能性は、幕末以来の日本も経験したように、つねにアクチュアルな問題である。

4　スコットランド啓蒙研究への日本の貢献

「日本文化の雑種性」は加藤周一のテーゼであり[31]、それは丸山眞男の『日本の思想』[32]の「雑居性」テーゼと対照的である。丸山はその雑居性論によって加藤の雑種性批判も意味していた[33]。「加藤周一は日本文化を本質的に雑種文化と規定し、これを国粋的にあるいは西欧的に純粋化しようという試みがいずれも失敗したことを説いて、むしろ雑種性から積極的な意味をひきだすよう提言されている。」これは傾聴すべきだが、こと思想に関しては若干の補足が必要であるとして、丸山はこう続けている。「第一に、雑種性を悪い意味で『積極的』に肯定した東西融合論あるいは弁証法的統一論の『伝統』もあり、それはもう沢山だということ、第二に……問題はむしろ異質的な思想が本当に『交』わらずにただ空間的に同時存在している点にある。」多様な思想が内面に交わるなら、雑種という新たな個性が生まれることも期待できる。「雑居を雑種にまで高めるエネルギーは認識としてもやはり強靱な自己制御力を具した主体なしには生まれない。その主体を私達がうみだすことが、とりもなおさず私達の『革命』の課題である。」

加藤と丸山のテーゼは、神島二郎の日本文化における「馴化」[35]の概念に継承された。日本文化の雑種性はその後、大沼保昭の主張としても知られる[34]が、最近は小熊英二によっても流布されている。

厳密に雑種文化でないような文化は、いまではほとんど地球上に存在しないであろう。また馴化は、異化とともに、外来の思想や文化が輸入されるとき、普遍的に発生するのであって、日本だけの問題ではないが、しかし神島は、丸山の言うように日本では固有の価値の基軸がないゆえに抵抗の契機が弱く、したがって丸山が無視した「馴化」がスムースに働くと分析した。古代末期における律令の輸入、幕末・開国・明治維新による西洋文化の輸入を、確かに日本は首尾よく遂行したと言えるであろう。このような柔軟性は日本の特徴であるかもしれない。それはまた中空構造の天皇制、神道、さらには日本社会における意思決定の天皇制的構造、「和をもって貴と成す」律令国家形成以来の伝統とも関係するであろう。

雑種であること以上に重要なのは、雑種のポジとネガに自覚的であることだろう。とりわけ丸山眞男が日本の学界の「蛸壺」的ありようとして指摘したことが、より重要ではないか。蛸壺的でありながら、虚心に他者から学ぶことができれば問題はないが、それができないがために、学界が知的成果を共有できず、学問共同体として成長も飛躍もできないということを、日本の思想的伝統の弱点として丸山は指摘していた。そのような徴候は、もちろん、いまなお残っており、克服すべきであろう。

戦前にさかのぼるわが国の学史・思想史研究の伝統（とは言ってもいまだ一世紀にもならない）には古典派経済学、重商主義、自然法思想についての相当に厚い蓄積がある。それを批判的に参照することが学問の作法として確立されなければならない。それがなければ、学問の頽廃をもたらすであろう。わが国の伝統を踏まえなくとも、確かに個別的には優れた研究は生まれる。それは、しかしながら、なにも継承なしに生まれるわけではない。海外の研究に示唆され、刺激されて、独創的な研究が生まれることが多いのは、そこに継承すべき多くの知識と知恵、方法があるからにほかならない。

ではスコットランド啓蒙研究に関して日本の寄与はいかに可能か。日本独自の貢献の余地があるのだろうか。わが国の研究者のこれまでの寄与をふりかえってみることから、検討の手がかりを求めよう。

日本におけるスコットランド啓蒙研究は水田洋から始まるし、氏の貢献が大きいことは言うまでもない。水田の功績は全体としては、研究手段の整備・提供という側面が目立っている。(36) けれども『思想の国際転位』（二〇〇〇年）に収録された論文などにおける水田の独創性は際立っている。(37) それは英米にも研究がない新しい資料と問題の発見という研究上の僥倖、偶然性、事件性の産物である。これは学究のもつ、飽くことなき好奇心が拓く可能性として理解できるであろう。

水田に続いたのは山﨑怜、田添京二などであったが、重要な研究は佐々木武の論文である。(38) これはパスカル以来のスコットランド歴史学派論を「文明社会」認識の成立という視角から、当時としては、英米に先駆けて掘り下げた独創的な研究であった。

スコットランド啓蒙研究にとって無視できないのは小林昇の研究である。氏のステュアートやスミスの研究は経済学の形成に限定されており、そのような学史への制限は思想史への批判を含意するが、しかし、それをスコットランド啓蒙研究に生かす余地はあるだろう。ホントがスコットランド啓蒙のなかで取り上げた「富国 - 貧国論争」は、スコットランド啓蒙という舞台装置におけるものではないけれども、少なくともその核心部分は小林昇によって、二〇年以上先駆けて、より広い英仏経済学論争というコンテクストにおいて研究されていた。[39]

またスコットランド啓蒙を視野におきながらスミスに特化して精力的な研究を進めたのは田中正司である。[40] TMS（『道徳感情論』）‐法学講義‐WN（『国富論』）の展開の論理を田中ほど執拗に追いかけた研究者は欧米にも例を見ない。スキナーのスミス研究も透徹した成果に到達しているが、田中ほど執拗な研究ではない。この業績には、日本において戦後構築されたマルクス研究の緻密なテクスト分析との共通点があるように思われる。けれども、スミスの思想的背景としてのカルヴィニズムの自然神学をますます強調していったその見解には筆者は異論をもつし、また田中が『国富論』については十分な分析をしなかったことは留意しなければならないであろう。

『国富論』を自然法の歴史的コンテクストにおき、配分的正義論として解釈することを大胆にやってのけたのはホント＝イグナティエフである。彼らは、「『国富論』の中心的関心は正義の問題であり、所有の不平等と所有から排除された人々への十分な生活資料の供給を両立させることができる市場機構を見出すことであった[41]」と言う。田中も彼らの説に異論がないのであろうか。確かにホント＝イグナティエフの主張は、『国富論』を財の生産と配分の理論として、すなわち経済学の原型として理解している常識にたいして、覚醒効果をもった主張である。

けれども、経済学の中心課題は配分の正義にあるとまで言ってしまうと、さすがに説明不足であるが、正義論として『国富論』を読むことが可能であることは、認められてよいであろう。しかし、『国富論』は法学ではないし、厚生経済学でもない。むしろそれをはるかに超えた新しい総合的な、社会の原理についての学問体系である。そのようなものとしての経済学なのである。言い換えれば、『国富論』はトムスンの言うように[42]多数の路線が交わる中央駅という一面をもっている。したがって、一つの読み方としてホント＝イグナティエフ説は成立可能であるが、『国富論』を正義論としてしか理解しないというのであれば、それはきわめて不十分である。

独自の体系を構築した宇野派は別として、内田義彦、杉原四郎から、平田清明、廣松渉、淡路憲治、山之内靖、望月清二、佐藤金三郎などの多くのマルクス研究者が、学史的・思想史的な、すなわちアカデミックなマルクス研究に専念し、マルクス研究の世界的先端を形成した時代があった。これは他には例のない多数の研究者が取り組んだ相乗効果の産物であった。環境もまた彼らのマルクスへの没入に加勢した。このアカデミックなマルクス研究は、戦前のような権威主義的国家に吸収されてしまった依存的な臣民に代わって、自由で自律した市民の確立を課題とし、そのような自律した市民による民主主義的な社会形成を戦後日本社会の課題として説いた市民社会論の中核をも担っていた。この市民社会論において、ロック、スミス、マルクスは相克しつつも連携する存在であった。

この市民社会論の中心が政治学（丸山眞男、松下圭一）だったのか、経済学だったのか（高島善哉、大塚久雄、内田義彦、平田清明）、あるいは法学だったのか（川島武宜）、あるいはまた社会思想史だったのか（水田洋、鶴見俊輔）については議論の余地があるかもしれない。しかし、参加、自律、富、権利、連帯といった価値概念が市民社会論の中核にあったことは確かである。いずれにせよ、アカデミックなマルクス研究と関連した、あるいはそれを意識した市民社会論は、現実社会にたいする建設的かつ批判的な、すなわちポジ・ネガの二面的な視点をもちうるものとして強みがあった。そうだとすれば、市民社会論は用済みとして捨てられたり、消滅してはならず、いまなお有効性をもたなければならないであろう。

それは、最近では、公共性をめぐる論議に継承されているのではないかと思われる。そこではマルクスではなくアレントやロールズが重要な思想家となっている。そうした公共性論とともに、共和主義が復活している。[43] 復活しつつある共和主義も、公共性論と同じく多様性があり、必ずしもわかりやすいわけではないが、しかし、その根本において、共和主義が求める公共的人間とは、公共的活動にコミットするエートスをもった市民であり、かつての市民社会論の市民とまったく別のものとは言えないであろう。

田中正司ももとはこの市民社会論者の一人であった。[44] その意味ではアカデミックな市民社会論のエートスがスミスにもち込まれて、前代未聞の緻密な研究に結実したと見るべきかもしれない。ただし、田中の難解な、あるいは韜晦した文体が、その研究成果の理解と継承を妨げているきらいがあるのは残念である。それは一面ではポーコックの場合と似ているかもしれない。

わが国の貢献として可能性があるのは、この戦後のアカデミズムの遺産としての市民社会論の批判的参照を基礎にしたスコットランド啓蒙研究ではないかと思われる。その意味でメディック[45]やホント[46]の仕事はわが学界ではなじみやすいし、それらに対比される、あるいはそれを継承した業績が生まれることは十分に期待されるであろう。

興味深いことに、戦後の市民社会論には、共和主義あるいはシヴィック・ヴァーチュー（Civic Virtue）への関心と見なしてよい要素を見出すことができるように思われる。例えば、ウェーバーの圧倒的影響下で鍛造された大塚のエートス論や、丸山眞男による日本の思想的伝統の批判的分析、またマルクスの価値概念の貫徹に労働日をめぐる闘争という運動の契機を重視したユニークなマルクス学者であった内田義彦が作り出した「力作型」、「市民社会青年」概念などがそうであって、そこには、シヴィック・ヴァーチューへの関心が脈打っているように感じられる。とくに市民の自治に可能性を求めた内田義彦の試みは、いささかユートピア的であるが、シヴィック・ヒューマニズムの思想に通底する価値関心が見られるであろう。

さらに一般的に、異文化社会の眼をもった日本の研究者が、インサイダーの気づかない発見をする可能性はあるだろう。

英米でのスコットランド啓蒙の研究は、むしろこれまでにもまして非常に盛んで、研究成果もたえず生まれているが、わが国では最近成果が一時ほどには出なくなってきている。心配な徴候である。ある年齢以上は大学改革の嵐のなかで忙殺される一方、英文論集に力を結集したせいもあるかもしれない。しかし、はたして後続の研究者は育っているのだろうか。

英米、さらにはヨーロッパにおけるスコットランド啓蒙研究には、思想史の専攻だけではなく、哲学、政治学、法学、経済学、文学、歴史学、社会学など多様な分野の専門家が参加している。わが国では経済学者が中心で、それに少しばかり他の分野の専攻者が加わり、歴史学者はほとんど参入していない。これはきわめて日本的な特徴であり、スコットランド啓蒙研究が経済学者、あるいは経済学から出発した社会思想家の圧倒的な影響下にあるのは、かつてならマルクス派の経済学者になるはずの研究者の一部が、スミスやヒュームに導かれて、スコットランド啓蒙研究に入っていった結果として理解できるであろう。したがって、道徳哲学、歴史、経済学を重視すべきであるというジョン・ロバートスンのような問題意識は、わが国では例外ではない。

いずれにせよ、悠久な学問に性急な結論は適さない。真に望まれるのは、多様なテーマそれぞれに関する本格的な個別研究である。本格的な研究は日本で遂行されても国際基準を満たすであろう。しかし、それが認識されるためには英語で書かれるか、あるいは英訳されなければならないであろう。

(1) 本稿は、二〇〇四年二月二一日に京大会館で開催された「スコットランド啓蒙：興隆と衰退」セミナー(主催平成一四―一五年度日本学術振興会科学研究費・基盤研究(B)(I)「近代共和主義の系譜とその現代的可能性の研究」研究代表者・田中秀夫および方法論研究会、京都大学経済学会後援)に報告として用意した「スコットランド啓蒙研究の可能性と日本の寄与」と題するものの大幅改稿である。筆者は世話人および報告者として参加したが、時間の関係で報告を遂行することができなかった。セミナーでは以下の六報告が行なわれた。佐々木武(東京医科歯科大学)「スコットランド啓蒙の何が問題か」、生越利昭(神戸商科大学)「スコットランド啓蒙の国際的契機：ヨーロッパとアイルランド」、竹本洋(関西学院大学)「スコットランドにおける啓蒙と経済学の関連」、渡辺恵一(京都学園大学)「思考の枠組みとしての自然法と共和主義――スミスにおけるその有効性と限界」、天羽康夫(高知大学）「啓蒙の文明概念の射程と現代的アクチュアリティ」、篠原久（関西学院大学）「D・ステュアートによる『スコットランド啓蒙』（最盛期）の総括」

（2） Hannah Arendt, *The Human Condition*, Chicago U. P., 1958. アレント、清水速雄訳『人間の条件』ちくま学芸文庫、一九九四年。

（3） Cf. E. P. Thompson, *Customs in Common*, Merlin Press, 1991, pp. 281-2.

（4） A. O. Hirschman, *A Propensity to Self-Subversion*, Harvard U. P., 1995. 田中秀夫訳『方法としての自己破壊』法政大学出版局、二〇〇四年。

（5） M. Ignatieff, *Blood and Belonging: Journeys into the New Nationalism*, 1993. 幸田敦子訳『民族はなぜ殺し合うのか』河出書房新社、一九九六年。

（6） Dorinda Outram, *The Enlightenment*, *New Approaches to European History*, Cambridge University Press, 1995.

（7） Ernst Cassirer, *The Philosophy of the Enlightenment*, Boston, 1964.（originally, 1932）

（8） Peter Gay, *The Enlightenment*, Vol. I: *The Rise of Modern Paganism*, Vol. II: *The Science of Freedom*, New York, 1966-69. 中川久定他訳『自由の科学――ヨーロッパ啓蒙思想の社会史』一、二、ミネルヴァ書房、一九八二、一九八六年。

（9） アンビヴァレントな思想家ルソーは、啓蒙思想家でないのではなく、啓蒙の価値を一面では承認する啓蒙思想家でありながら、しかしそれに、さらにはフランス啓蒙のサロン的様式に満足できず、啓蒙の価値を超えようとした啓蒙の左派、急進派という一面をもっている。

（10） 女性思想家の発掘と研究はその後、長足の進歩を遂げ、すでに膨大な研究が生まれつつある。文献リストは省略する。

（11） H. F. May, *The Enlightenment in America*, New York, 1976.

(12) A. Owen Aldridge ed., *The Ibero-American Enlightenment*, Urbana, Il., 1971.
(13) Franco Venturi, *The End of the Old Regime in Europe 1768-1776: The First Crisis*, Princeton, 1989, *Settecento riformatore. III. La prima crisi dell'Antico Remime*, Turin, 1979.
(14) Venturi, *Utopia and Reform*, Cambridge, 1971, p. 133. 水田洋・加藤喜代志訳『啓蒙のユートピアと改革』みすず書房、一九八一年。
(15) 主要な邦訳のみ記す。ロバート・ダーントン『猫の大虐殺』(海保真男・鷲見洋一訳)岩波書店、一九八六年、『革命前夜の地下出版』(関根素子・鷲見洋一訳)岩波書店、一九九四年、その他。
(16) 主要な邦訳のみ記す。ロジェ・シャルチエ『読書の文化史――テクスト・書物・読解』(福井憲彦訳)、新曜社、一九九二年、『書物の秩序』(長谷川輝夫訳)、文化科学高等研究院出版局、一九九三年、『読書と読者』(長谷川輝夫・宮下志朗訳)みすず書房、一九九四年、『フランス革命の文化的起源』(杉浦義弘訳)、岩波書店、一九九四年、その他。
(17) 一例をあげればT. J. Hochstrasser, *Natural Law Theories in the Early Enlightenment*, Cambridge U. P. 2000.
(18) Mizuta, Sugiyama eds., *Enlightenment and Beyond: Political Economy Comes to Japan*, University of Tokyo Press, 1988.
(19) Mark Francis ed., *The Viennese Enlightenment*, Croom Helm, 1985.
(20) E. P. Thompson, *Customs in Common*, Merlin Press, 1991.
(21) さしあたり次を参照、Lin Chun, *The British New Left*, Edinburgh U. P., 1993. リン・チュン、渡辺雅男訳『イギリスのニュー・レフト――カルチュラル・スタディーズの源流』彩流社、一九九九年。
(22) 曖昧な言い方をしたが、ステュアートとスコットランド啓蒙の関係は微妙である。しかし、その交友関係からしてもまったく無関係とは言えないであろう。ヒュームに経済学の体系があるかないか、これも微妙である。思考としては相当体系的であるが、表現形態はエッセイである。

（23） J. G. A. Pocock, "Clergy and Commerce: The Conservative Enlightenment in England", in *L'età dei lumi: Studi storici sul settecento europeo in onore di Franco Venturi*, eds. Raffaele Ajello et al, 2 vols., Naple: Jovene, 1985, I: pp. 523-62; Do, "Gran Bretagna", in L'Illuminismo: Dizionario storico, eds., *Vincenzo Ferrone and Daniel Roche*, Rome and Bari: Laterza, 1997, pp. 478-97.

（24） John Robertson, "The Scottish Contribution to the Enlightenment," in *The Scottish Enlightenment: Essays in Reinterpretation*, ed. by Paul Wood, University of Rochester Press, 2000.

（25） A. Cadell and A. Matheson eds., *For the Encouragement of Learning: Scotland's National Library 1689-1789*, Edinburgh, 1989. pp. ix, 1, 15, 25.

（26） フランスは王侯、大貴族の貴婦人の宮廷がサロンとなり、文化的な公共空間としての役割を果たした。哲学者は大学人ではなく民間人・ブルジョワ・三文文士として、あるいは下級貴族としてサロンの人であった。参考文献として赤木昭三・富美子『サロンの思想史――デカルトから啓蒙思想へ』名古屋大学出版会、二〇〇三年がある。

（27） 意図せざる結果の論理は、スミスによって重商主義批判の分析用具として駆使されたように、作為の論理の批判にきわめて有効であったが、しかし論理としては保守的論理ともなりうる。この点についてはハーシュマンを参照すべきである。A. O. Hirschman, *The Rhetoric of Reaction*, Cambridge: Belknap Press, 1991.（岩崎稔訳『反動のレトリック――逆転、無益、危険性』法政大学出版局、一九九七年）

（28） L. Meek, *Social Science and the Ignoble Savage*, Cambridge U. P., 1976. Stein, P., *Legal Evolution*, Oxford U. P., 1980.（今野勉他訳『法進化のメタヒストリー』文眞堂、一九八九年）

（29） J. A. Cochrane, *Dr. Johnson's Printer: The Life of William Strahan*, Routledge and Kegan Paul, 1964. 本書は貴重な研究であるが、スコットランド啓蒙研究が盛んになる以前の研究であり、副題にも限界が示されている。W. Zacks, *The First John*

Murray and the Late Eighteenth-London Book Trade, Oxford U. P., 1998.

（30） John Robertson ed., *A Union for Empire: Political Thought and the Union of 1707*, Cambridge U. P., 1995.

（31） 加藤周一「日本文化の雑種性」（『思想』一九五五年五月）、「雑種的日本文化の希望」（『中央公論』一九五五年七月）

（32） 初出、岩波講座『現代思想』第一一巻、『現代日本の思想』一九五七年一一月。

（33） 丸山眞男『日本の思想』岩波新書、一九六一年、六三―六四ページ。

（34）『単一民族社会の神話を超えて』東新堂、一九八六年。

（35）『単一民族神話の起源』新曜社、一九九五年。

（36） Mizuta ed., *Adam Smith's Library*, Oxford: Clarendon Press, 2000. Do. ed., *Adam Smith: Critical Responses*, 6 vols., Routledge, 2000 その他。天羽康夫によるファーガスンの *Essays* のテクスト作成も重要な貢献である。Adam Ferguson, *Collection of Essays*, ed. with an introduction by Yasuo Amoh, Rinsen, 1996.

（37）「アイアランドの啓蒙とデンマークの専制」、「『アドルフ』とアダム・スミス」（以上『転位』）、「スコットランド啓蒙と市民革命」（田中正司編『スコットランド啓蒙思想研究』北樹出版、一九八八年）がとりわけ注目すべきである。

（38） 佐々木武「『スコットランド学派』における『文明社会論』の形成」、『国家学会雑誌』第八五巻七・八号―第八六巻一・二号、一九七二―三年。

（39） 小林昇『経済学の形成時代』未來社、一九六一年。

（40） 田中正司『アダム・スミスの自然法学』御茶の水書房、一九八八年、『アダム・スミスの自然神学』御茶の水書房、一九九三年、『市民社会理論と現代』御茶の水書房、一九九四年、『アダム・スミスの倫理学』上下、御茶の水書房、一九九七年、『経済学の生誕と『法学講義』――アダム・スミスの行政原理論研究』御茶の水書房、二〇〇三年。

（41） Hont and Ignatieff, "Needs and Justice in the Wealth of Nations", in *Wealth and Virtue*, Cambridge U. P., 1983, p. 2. 水田洋・杉山忠平監訳『富と徳』未來社、一九九〇年、三ページ。

（42） E. P. Thompson, *Customs in Common*, Merlin Press, 1991, p. 201.

（43） オノハン（I. Honohan, [2002] *Civic Republicanism*, Routledge）が行なっているように、現代の共和主義論を、政治思想史、政治哲学、憲法論に区分することが適切であろう。

（44） 田中正司『ジョン・ロック研究』未來社、一九六八年、『市民社会理論の原型』御茶の水書房、一九七九年。

（45） Hans Medick, *Naturzustand und Naturgeschichte der bürgerlichen Gesselschaft*, Göttingen, 1973.

（46） ホントの主要な論文は次の通りである。I. Hont and M. Ignatieff, "Needs and Justice in the Wealth of Nations," in *Wealth and Virtue*, eds. by Hont and Ignatieff, Cambridge U. P., 1983. Do., "The 'Rich Country-Poor Country' Debate in Scottish Classical Political Economy, in *Wealth and Virtue*, 1983. Do., "The Language of Sociability and Commerce: Samuel Pufendorf and the Theoretical Foundations of the 'Four Stages Theory'", in *The Languages of Political Theory in Early-Modern Europe*, Cambridge U. P., 1987. Do., "Free Trade and The Economic Limits to National Politics: Neo-Machiavellian Political Economy Reconsidered, in *The Economic Limits to Modern Politics*, ed by J. Dunn, Cambridge U. P., 1990. Do., "The Rapsody of Public Debt: David Hume and the Voluntary State Bankruptcy, in *Political Discourse in Early Modern Britain*, Cambridge U. P., 1993. Do., "The Permanent Crisis of a Divided Mankind: 'Contemporary Crisis of the Nation State' in Historical Perspective", in *Political Studies*, xlii, 1994, pp. 166-231. Do., "Commercial Society and Political Theory in the Eighteenth Century: the Problem of Authority in David Hume and Adam Smith", in *Main Trends in Cultural History*, eds., by W. Melching and W. Velema, Rodopi: Amsterdam-Atlanta, 1994. いまでは研究の集大成として大著が

出ている。*Jealousy of Trade*, Harvard U. P., 2005. 田中秀夫監訳『貿易の嫉妬』昭和堂、二〇〇九年。

第5章　市民社会と徳——思想史的接近

1　問題設定とその起源

「市民社会と徳」という問題設定は、ただちに、それに関わりのありそうな多くの思想家の概念装置を想起させる。マキァヴェッリの共和国と徳、モンテスキューの共和政体とその原理としての徳、ルソーが描写した徳の喪失の歴史としての文明史と社会契約による徳の復活という図式、アダム・スミスの『道徳感情論』におけるシンパシー（同感＝共感 sympathy）論との関連での徳性論。さらにさかのぼると、プラトンは『国家』において、またアリストテレスは『政治学』において、国家＝ポリテイアと徳（アレテー）の関係を論じたし、総じて政治と徳、社会と徳、文明と徳の関係を問題にした思想家は少なくない。スミスを除いて、市民社会と徳の関係を論じた学問は政治学に属している。しかし、彼らの市民社会の概念も一様でなければ、徳の概念にも多様性がある。

スミスは倫理学において徳を重視しており、他の思想家と異なっているようにみえるが、スミスの倫理学が近代自然法から生まれたことを想起すると、スミスが特殊であるとは言えない。ホッブズもまた自然法のなかで徳を問題にしている。少なくとも、プロテスタント文化圏における近代自然法思想は規範の内面化を特徴としており[1]、したがって、規範の学としての近代自然法は新しい道徳哲学の母体ともなる。他方、マキァヴェッリ以来の共和主義政治学に不可欠の概念として展開された徳の概念もまた、ハリントンからハチスンを通して、少なからずスミスに影響を与えていることは、今日では次第に認められつつある。自然法学が鍛えた徳の概念が個人的徳に比重をおくものであったとすれば、政治学が継承した徳の概念は公共的徳に力点のある概念であった。倫理学という学問分野は個人的徳とともに社会的（公共的）徳の概念をめぐる論議から構築されてきたと言ってもよいだろう。

日本の伝統に目を向けると、少なくとも徳川時代以降の日本においては、儒教的伝統（朱子学）のもとに、長く徳の概念が――その内実は忠孝などの対人関係の徳目にあったが、個人の精神の修養もまた重視された――個人倫理の中核におかれてきたことは言うまでもない。

儒教は西洋の政治哲学のように、世俗社会の統制原理としての体系的学説を構築できなかった。『論語』が示すように、孔子の教えは断片的な処世訓、実践道徳であり、徳治主義と称されるその教えは体系的な政治哲学と称するには素朴なものであり、西洋中世の「君主の鏡」に対比されるべき「統治術」にすぎなかった。とはいえ、政治哲学としての儒教は中国においては、やがて科挙の制度によって知識人＝官僚が習得しなければならない範型となり、文字通りパラダイムとなった。

儒教的伝統において、徳の概念がめざしたものは、宗教が本来そうであるように個人の身の処し方を教えるマナー（礼儀作法）であり、個人道徳であった。そのことは社会に相当する概念が彫琢されなかったことと関連する。柳父章が指摘したように、[2] society の翻訳語として社会という語が発明され定着すること自体が困難であった。広い範囲の人間関係という現実をもたなかった徳川時代から明治初期の人びとにとって、それを語る言葉がなかったのはなんら不思議でない。こうして福沢諭吉たちによって、society の訳語として社会が造語されるにいたるのだが、society に対応する現実が日本に存在しないというズレは残った。[3]

このズレの問題は「市民社会」の概念をめぐる西欧と日本のギャップと無関係ではない。しかし徳川時代に発展したのは町民文化だけであったわけではない。幕藩体制を支える政治思想も観念学体系として独自の発展を遂げている。丸山眞男[4]に始まる徳川政治思想史の研究は、官学としての朱子学が、孔子の教えからはるかに離れた、徳川幕藩社会の正統的イデオロギーとして体系化され、時代の要請に応えるべく、自然の概念をベースに作為の論理の構築に挑んだこと、多くの儒学者と国学者の営為を通して徳川政治思想が思想的発展を遂げていった、その複雑な思想の動態――継承と変革、発展そして衰退――とコンテクストを問題にしてきた。[5]

しかし、市民社会と徳の関係を鋭く問い直す問題意識は、わが国には成立しなかった。日本の場合、仏教に由来する無常観もまた無関係ではないと思われるが、意識の深層――歴史意識の古層――において「なりゆき」、自然の勢いにすべてを委ねるある種の自然主義が日本人の秩序意識として強固に残存しており、それがときおり、とりわけ危機的状況において、意識の表層に浮上して観念（思想）

の構築物、作為の論理と成果を押し流してしまう――伝統への回帰（回心、転向も同じ延長上で捉えることができよう）――ということが、丸山眞男によって指摘されたのであった[6]――その丸山は、『日本の思想』（一九六一年）において、制度も大事だが制度を使いこなす主体も大事だという趣旨のことを述べていた。

丸山のいう「制度を使いこなす主体」という概念にはヨーロッパ近代の徳の概念に近いものがあるように感じられる――が、日本において自前の客観的な社会分析の学、政治哲学、あるいは社会哲学が生まれなかったのは、結局のところ、自らの経験を意識化するための自前の概念装置を開発し、発展させることができなかったという文化の経験と意識の特殊性、西洋との差異に帰着するであろう。自前の概念装置をいかにして日常の経験のなかから、あるいは臨床の場から構築するかという問題は後期の、すなわち『社会認識の歩み』（一九七一年）以降の内田義彦の問題でもあった[7]。

わが国においては、いまにいたるまで、政治哲学や社会哲学、社会分析の学は圧倒的に翻訳語によって遂行されてきた。それは近代を迎えたときに、知識人の言語の道具箱にあったものが大和言葉（和語）と漢字・漢語にほとんど限られていたこと、思想的遺産として存在したものは固有の神道的――とはいえ神道には道教が流入していると言われる――日本的文化的伝統のほかには、異文化の遺産としての仏教的伝統と儒教的伝統だけであったということと関係があるだろう。西洋の学問、科学を摂取するために、多くの知識人が漢語を援用して造語したことが、いまではよく知られている。近代の入口におかれた日本の知識人にとって研究すべきものは自前の経験ではなく、西洋人が経験から作り出した学問成果であったということが、以来わが国の学問の型を大きく規定し、それがいまなお尾を引いているのである。

とはいえ、幕末から一五〇年も経過したいまでは、西洋の学問、科学の摂取は、十分に行なわれているばかりか、もはやかつて丸山や内田が問題にした翻訳文化の陥穽などといった問題は、存在しなくなったかのように思われるかもしれない。確かに、とりわけ近年の研究の進展は凄まじいものがあって、翻訳にまつわる問題がなくなったわけではないが、思想史研究についてみても、大きな進展が見られるといってよい。しかし、依然として、わが国では研究が遅れているトピックや問題がないわけではない。「徳」の概念をめぐる考察などは、その最たるものであろう。では、こうした遅れは例外的であって、差異は全体として量の問題かというと、そうとは言い切れないであろう。文化とそれを支える制度や言語および精神（エートス）の差異は、依然大きいように思われる。

西洋の場合、ギリシア、ラテンの、神話、詩、歴史、文学、哲学、法などのジャンルにわたる言語文化の膨大なコモン・ストックと近代語、それに加えてさまざまな異文化の情報・知識も早くから蓄積され研究されており、そういったものが知的道具箱に存在し、さらに文化的遺産としてはキリスト教が生み出した特殊な精神文化の伝統も存在した。ルネサンス以来の近代科学と技術の成果もまたみのがせない。学問と科学の特性を決定するうえでの、この道具箱にある道具の種類の格差は決定的に大きい。新しい発見、認識を明確に表現するためにも、適切な道具——概念、あるいは言語——が存在することが非常に重要である。

ランガーは述べている。「およそある時代とか、ある社会とかの知的な地平に取り入れられる経験の定式化は、わたしの信ずるところでは、事実や欲望によって決定されるというよりも、むしろ自分たちの思いがけない経験を自分たちの納得いくように分析し、記述するために利用できる基本的概念によって決定されている。……新しい観念は光が当たらないうちはわれわれに全然姿をあらわさなかった眼前の存在をくっきり照らしだす光のようなものである。[8]」ランガーはこのような新しい観念を創造的観念（generative idea）と呼んだ。[9]

創造的観念に概念（名称、名辞）を与えることに成功したとき、理論的な発展が生まれることは、マキァヴェッリによる「国家」（stato）やホッブズによる「リヴァイアサン」によって馴染みとなっている通りである。モンテスキューの「法」の概念も、スミスの「同感（共感）」の概念も、カントの「定言命法」、ルソーの「一般意志」の概念なども、その好例である。そのような革新（innovation, novelty）の例はふんだんにあげることができるであろう。思想史上のキーワードは、それが初めて登場したときには、多かれ少なかれポテンシャルにおいてはそのような創造的概念として登場したのだと言ってよい。思想史の一部を構成する概念史は、創造的観念の思想史という特徴をもっているが、今日では多様なアプローチがすでに存在しているように思われる。多様な概念史的アプローチ——マイネッケの『近代史における国家理性の理念』（一九二四年）に代表されるようなドイツ流のであれ、『存在の大いなる連鎖』（一九三六年）に代表されるラヴジョイ学派流のであれ、『マキァヴェリアン・モーメント』（一九七五年）で知られるポーコック的なパラダイム論的なものであれ——はそれぞれ独自の思想史として存在可能であり、「市民社会」と「徳」という問題は、二つのキーワードの史的、思想史的分析を通しても、掘り下げることができるであろう。

ところで、徳の概念が問題提起的な概念として受けとめられ、論じられるようになったのは、比較的最近のことである。マッキンタイアの徳の定義、すなわち「徳とは、その所有と行使が実践に内的な善を達成することを可能にし、その欠如が実際にわれわれをしてそのような善の達成を妨げるような、習得せられたる人間の資質である」――少々わかりにくいが、それ自体が目的たりうるような内的善を実現しようとする実践が徳であるということ――を紹介して、藤原保信は「今日的には死語になったとすら思われる徳ないし有徳という言葉」が甦ってくると述べている。[10] もちろん、スミス研究や一八世紀イギリス道徳哲学の研究は、ボナーの『モラル・センス』(一九三〇年)やラフィルの『モラル・センス』(一九四七年)をひもとくまでもなく、はやくから徳の概念を論じてきた。けれども、そこではキリスト教の徳の概念と古典政治学、共和主義の徳の概念、さらにはストア派における徳の概念の相違が十分に意識されていたようには思われない。

そのようなさまざまな徳の概念が、広く論議を呼ぶようになったのはアメリカにおける徳を問題にした一連の著作の出版と論争によってであるように思われる。とりわけ、アリストテリアンであるマッキンタイアの『美徳なき時代』(一九八一年)の出版とそれをめぐる論争あたりから多くの関心を引き始め、その後のいわゆる「コミュニタリアン」(サンデル、テイラー、ウォルツァーなど)の論壇への登場や、公共生活や市民精神を論じたベラーの『心の習慣』(一九八五年)、アラン・ブルームの『アメリカン・マインドの終焉』（一九八七年）の出版などによってピークに達したように思われる。一九五八年に発刊された雑誌『ノモス』第三四号（一九九二年）は「ヴァーチュー」の特集号で、一六点の論文と簡単な文献目録を収録しているが、ここにも現状の一端が示されている。

アメリカにおけるコミュニタリアンの登場はケインジアンに代わってヘゲモニーを握った新自由主義に対決するものであり、ケインズ主義への復帰を越えて、新しい倫理的共同体の再構築を提唱するものであった。国民に自助努力を求めるフリードマン的自由主義、新自由主義のレーガノミックスやノージックを典型とするリバタリアニズムの主張は、水ぶくれした福祉をカットするという意図を超えて、アメリカの良き文化的社会的伝統、公序良俗や社会的紐帯の解体を助長し、一部の特権階級は別として、多くの民衆の生活基盤が掘り崩されていった一九八〇年代以降の趨勢をいっそう激化させることになった。このような認識と危機意識をもつコミュニタリアニズムは依然として少数者の主張にとどまっているようであるが、荒っぽい原理主義的な自由主義、すなわち単純素朴な自由主義にたいするアンチ・テーゼという意味をもつものとして、多くの人びとの共感をえているように思われる。

もちろん、ポーコックによるシヴィック・ヒューマニスト・パラダイムの提唱(11)はこれとは無関係である。ポーコックのテーゼはずっと早く、少なくとも一九七〇年頃にさかのぼるし、注目の対象となっている徳の概念も異なれば、コンテクストも異なり、前者のような現代思想のコンテクストではなく、思想の歴史のコンテクストに属するテーゼであり、また哲学者としての仕事ではなく、歴史家としての仕事の成果である。またケンブリッジ政治思想史研究チームの共同研究の成果であるホント、イグナティエフ編の論文集『富と徳』（一九八三年、邦訳一九九〇年）も基本的にアカデミズムのコンテクストの仕事であって、編者や執筆者たちの意図に、ケインジアン対新自由主義者という現代の論争が（背景にあるコンテクストとして）研究にいくらかの影を落としているとみることができるとしても、その論争のコンテクストへのコミットメントを過度に読み取ろうとすることは間違いだと思われる。[12]

一方で「市民社会」という言葉は、戦後日本の学会とジャーナリズム、論壇においてよく使われた言葉であり、それ自体が時代のキーワードであったけれども、その語義はかならずしも明確でないまま、近代の自由で民主主義的な民間社会の別名としてムード的に使われてきた傾向が強い。

しかし、その言葉の使い方はいくつかに分けることができる。そして可能なら明確な概念にしておくことが望ましい。本章は、わが国の知的伝統と戦後の思想史研究を回顧しながら、そのような明確化のための試み[13]を行なう。のちには、ヨーロッパ、とりわけイギリスの思想史に関して、市民社会の概念、市民の概念、徳の概念を概観し、概念内容を明確化することを試みる。しかし、この大きな問題に入るためには、まずは概説的な議論から始める必要がある。そのため本章では、厳密な議論、テクストに即した十分な検討、さまざまなテクストのコンテクステュアルな分析にまでは入れないことを、あらかじめ断っておかなければならない。

2 「市民社会」の概念と「市民」

わが国においては、一九世紀後半に西洋の国家デザインを導入した帰結が、帝国主義の時代環境の制約もあって、天皇を中心とする中央集権的権威主義的国家の形成となり、さらには日清、日露戦争、第一次大戦を経て、満州事変に始まる一五年戦争への突入、やがて総力戦の結果としての完膚なき敗北、連合国への無条件降伏、マッカーサー進駐軍による全体主義国家の解体、米国主導の戦後民主主義体制の構築へと、息継ぐ暇もないほどの急激な変転の歴史を展開したことは、周知の通りである。その後、焦土からなりふりかまわず経済復興に邁進した戦後の日本人、日本社会は、一九六〇年の国論を二分した安保騒動の結果、日米安保体制を選ぶ。その結果、第二次大戦で超大国として登場した米国の冷戦下における世界戦略に組み込まれることになる。

やがて日本社会は、富に恵まれる時代を迎えた一九六〇年代後半になって、経済の高度成長のひずみに目を向け始めた。おりしも一九六〇年代後半には、それまで政党や組織に主導されていた従来型の政治運動と異なる、自立した市民運動の潮流が生まれ、「ベトナムに平和を!市民連合」の反戦運動や公害反対運動などの市民運動が盛り上がった。

滅私奉公、家族主義、上意下達、官尊民卑、大勢順応、付和雷同といった言葉がよく物語る日本の政治文化、政治意識、政治風土を考えるとき、市民運動は注目すべきものであった。市民の権利という言葉は地域に根ざした、国家と対決する、あるいは国家にとりこまれない、自立した運動と権利として意識されていたようであるが、しかし、市民の権利を国家は保証せよという言い方がなされることは常態であって、したがって市民の権利は国家と決定的に対立するものとは思われていない。この場合、市民は国家に向き合う概念であって、国民とほぼ同義であるように思われる。

しかし、国民ではなく市民が使われるときは、国家からの自立性がより明確に意識されているように思われる。この意味の市民からただちに連想されるのは、市民的不服従の概念である。それは国家が国民＝市民に義務として服従を命じる事柄が正しいと認められないときに、その命令に服従しない権利の留保を意味するもので、抵抗権の現代的形態の一つとみなすことができるものである。しかし、市民的不服従の思想と慣行が日本にはたして定着しているのかどうか、必ずしも明確でないように思われる。

そもそも、日本にはヴォランタリーな社会運動、社会変革運動がなかったなどということは言えない。それが市民の運動として意識されて行なわれるようになったのは最近のことであるが、江戸時代の土一揆などは窮民の突発的な反抗であって革命運動のような理念も組織もなかったが、下からの新しい秩序形成を志向する思想と運動は、幕末から明治初期にかけては頻繁に起こった。その後も反体制運動が絶えたわけではないし、少数派にとどまったとしても、さまざまな社会変革運動はつねに存在したと言えよう。

前述のベトナム反戦運動、反公害運動、また先般の阪神淡路大震災後に展開された若者を中心とする被災者救援ヴォランティア活動――それは多くの人びとから称賛された――もまた日本人にヴォランタリーな社会活動が無縁ではないことを如実に証明した。しかし、問題は危機や変革期ではない日常のなかで、そのようなヴォランタリーな運動を組織し持続するという伝統がいかにして形成されるかであろう。

しかし、もっと勝義には、市民と市民社会は、国家をもある意味で超える普遍的な概念として用いられることがある。国家が解体するとき、国民はなくなるとしても、市民はなくならないという言い方をする場合、市民は普遍的な民間人であり、それ自身で権利主体、生活主体であろうする人間の意味である。そのような意味では、市民たちの生活の場である市民社会は国家がなくても存在しうる。しかも国家の名において侵略戦争に駆りだされ、苦い経験を強いられた人びとが、自らが帰属した国家を肯定的に考えられなくなったとしても、なんら不思議でないどころか、むしろ当然であろう。

しかし、人間にとって帰属感情とアイデンティティはきわめて重要であって、それは生活経験によって形成されるものである。人間は家族にも社団にも、地域にも、国家にもアイデンティティを抱くことができる。そのいずれにもっとも強固な帰属感情を抱くかは、その時々のその個人の事情によって多様である。とはいうものの、いかに作為的な教育の結果であるとしても、近代においては多くの場合、多くの人びとにとって、国民国家という単位が人間の帰属感情の主要な対象であり、単位であったことは否定できない。ユダヤ人知識人としてイギリスで仕事をしたバーリンが、イスラエルに住まなくても、イスラエルが存在することで、ユダヤ人は精神の安らぎを感じるのだと語っていることには、祖国というもののかけがえなさがよく示されている[14]。

一六世紀から現代までの五〇〇年間は近代国家の模索と経験のときであった。そしてこの長い期間の経験は、国民国家の枠を越えようとする帝国主義や超国家主義、インターナショナリズムなどの悲惨な失敗を経て、国民国家の再評価に帰着しつつある。良くも悪くも、いまだに国民国家という単位が現状ではリアルな単位であって、それにとって替わりうる単位を見出しうる段階に達したとは思われないのである。ただし、ヨーロッパだけは例外である。

神戸市民とか京都市民病院という場合の市民というのは、神戸や京都という都市の住民の意味であって、右の市民が国民を言い換えているのと異なる。

世界市民とか地球市民という言葉も存在する。世界市民（Weltbürger）の概念については、詳細な研究があるようには思われない――マイネッケの『世界市民主義と国民国家』（一九〇七年）もドイツの国民国家形成の研究であって、世界市民主義について深く追究したものではない――が、世界や地球に帰属する人類の一員として人間をイメージするときに、このような概念が用いられる。国家ではなく国家を超えた世界に帰属する人間は、一七世紀の宗教戦争の悲劇と一八世紀の戦乱が国家理性、国家利害の衝突の結果であることを認識した啓蒙思想家が追求したものでもあったが、その思想的ルーツはヒューマニズムに求めることができる。中世のヨーロッパでは、ほとんどの人間は、普遍世界としてのキリスト教世界、すなわちカトリック教会という大きな単位に帰属していたのであって、その意味では、啓蒙思想家と中世人の意識でのつながりを見出すことができるかもしれない。つまり世界市民の思想は、すくなくともその起源においては、ある程度は、カトリックの伝統の産物と見なせるかもしれないのである。この関連で想起されるのは、サン・ピエール、ルソー、カントの永遠平和の構想、世界連邦運動、国連である。またオリンピックやユネスコ、あるいは各地の姉妹都市協定やＮＧＯには、世界市民主義的な思想を感じ取ることができるであろう。

世界市民主義（cosmopolitanism）の根底にあるヒューマニズムは、そもそも、それがキリスト教に由来するものであれ、ギリシア哲学に淵源するものであれ、あるいはストアの思想の影響を受けたものであれ、人間（homo）であるということに類的共同性としての紐帯を求める人間愛（humanitas, humanism, humanität）として、国境や人種を超えた思想であり、そのようなものとしてコスモポリタニズムともなった。

他方で、ヒューマニズムは、マキャヴェッリをはじめとする近代の共和主義者によってシヴィックな形態にも結晶されて、近代の共和主義を生み出すとともに、ピューリタン革命と名誉革命、アメリカ独立革命と建国、フランス革命などの思想と運動に影響を与えることによって国民国家の形成にも貢献した。

けれども、ヒューマニズムは、人間は人間にとって天使たりうるばかりでなく、狼でもありうるという認識をもたなかったわけではない。むしろ、人間が人間にとって狼である、血で血を争うという悲惨な経験抜きにヒューマニズムは成立しなかった。もっとも、ウェーバーが指摘するように、寛容

と自由主義も宗教戦争の産物でもあった。(15)

このように、市民という言葉は、国民の別名として使われる場合と、より普遍的な権利主体、生活主体を意味する概念として使われる場合と、都市の住民という意味で使われる場合とが存在する。「市民社会」という言葉は、近代の自由で民主主義的な民間社会をムード的に表現する言葉である傾向が強いようであると先に述べたけれども、それは最大公約数的にはそう言ってよいという意味であって、実際には、論者によって、さまざまなニュアンスで用いられてきたように思われる。

けれども、「市民社会」という言葉は、市民の社会、市民が形成する自由で民主的な社会のイメージを端的に意味しうるものとして、戦後日本においては、明らかに、好ましいニュアンスの言葉であった。それはたんなる言葉にすぎなかったのではなく、戦後日本の社会を新たに構築するときの指導理念として、さまざまな現場の人びとの価値観と行動原理に働きかけ、実際の社会構築にある程度の影響を与えることもできたように思われる。そのようなポジティヴな概念として「市民社会」を論じた人びとは「市民社会派」とか「市民社会論者」と呼ばれた。

しかしそれは必ずしも称賛の言葉ではなく、ヨーロッパ近代を美化する者という意味で冷笑をともなうことも多かったように思われる。この意味では市民社会論は近代化論(16)と近いものと見られていたし、市民社会論者は近代主義者とも重なっていた。後者が経済発展を重視する立場に立つものとすれば、前者はそれ以上に、自由と独立、平等な権利を重視する立場に立つものという意味をもっていた。したがって両者はマルクス主義者でもありえた。生産力説に立つマルクス派は近代主義者と言えるが、

近代民主主義を重視するマルクス主義者は市民社会派でもあった。(17)

では、そのようなポジ・ネガの両価性を担わされた市民社会論者の代表は誰であっただろうか。「内田義彦に代表される日本の市民社会論」という表現には内田の過大評価がある。西洋の都市と市民の関係を追求した増田四郎や『ミケランジェロ』などの啓蒙書によって自立した市民の社会変革の思想と行動にエールを送った羽仁五郎の仕事、鶴見俊輔をはじめとする『思想の科学』の同人たちや『現代の理論』に結集した研究者たちもあり、多数の研究者がこの市民社会論にコミットしたのである。こういった多数の人たちが展開したから「市民社会論」は一つの威力を発揮できたのである。

そして多くの場合、彼らの基礎には講座派の批判的な日本資本主義論があった。近代的生産力の特質に関心をもった大塚史学の国民経済論の基礎に山田盛太郎の日本資本主義分析があったことはよく知られている。そのような遺産の批判的継承から、近代社会とその思想の合理性に注目する戦中派近代主義者——政治学における丸山眞男や法社会学における川島武宣など——のヨーロッパと日本の比較研究が生まれた。

こうした多様な戦後社会科学の仕事が市民社会論の成果として了解されたとみて大過ないと思われるが、それには「市民社会」という言葉のもつふくらみが関係していた。市民社会という用語は、資本主義社会という言葉では表現できないイメージを表現できる。主体としての市民を同時に表象することは、市民社会の語にはできても、資本主義社会という言葉には不可能である。

近代の自由な民主主義社会としての「市民社会」のイデアは、やがてさらには社会主義社会をも貫いて自らの存在意義を主張することにもなった。社会主義は近代の「市民社会」をふまえたものでなければならないという主張は、ロシア型の社会主義を批判し、西欧型の社会主義の試みを支持する多くの論者に共通であったが、平田清明の『市民社会と社会主義』(一九六八年)はそのような主張を独特のレトリックによって主張した代表的文献である。そこでの平田の事実認識や概念の理解には疑問があることが指摘されており、そもそも「市民社会」の概念自体が曖昧であったが、にもかかわらず一九六〇年代末以降のわが国の社会主義をめぐる議論において、『市民社会と社会主義』に集約された平田市民社会論は一定の影響力をもったと思われる。さらにまた今日、ソ連が解体し、東欧社会主義体制もまた崩れた時点からふりかえるとき、平田の仕事が再評価されるのもよくわかる。

しかし「市民社会」の概念に強い関心を示した平田清明も「市民」の概念については「自由人」としておさえるだけで、その概念を深く掘り下げる関心も、そのルーツを歴史的にたどる関心もなかった。その代わり、平田はマルクス研究を通して、歴史的範疇である「私的所有」と異なる歴史貫通的範疇としての「個体的所有」の概念を彫琢した。個体的所有の概念は必ずしも透明ではなく、わかりやすいものではなかったが、資本主義的所有と社会主義的所有をともに批判する所有概念として、すなわち自立した個人の充実した生を可能にする基礎としての所有の概念として理念的意義をもっていた。平田にその意識があったかどうかは不明であるが、この試みは、自然状態における汚れなき「自愛心」(amour de soi)と社会に入ってからの堕落した「利己心」(amour propre)を区別するルソーの試みにアナロガスである。

一九六〇年代の終わりごろから、アダム・スミスの『道徳感情論』の本格的な分析と翻訳に着手した水田洋が、やがて七〇年代にスミスに自由主義とともに民主主義の思想を読み取ろうとするようになることにも、学史・思想史研究の動向の反映をみることができるであろう。[18] しかし、スミスにデモクラティックな思想を読み取ることは可能だが、木﨑喜代治が行なったように貴族主義的な思想を読み取ることも同じように可能である。[19] ここには研究者の関心の多様性が反映しているのであるが、スミスの思想が多面的であることが示されている。マンデヴィルはブルジョア的思想家としてしかとらえようがないが、スミスは単純に規定できるような思想家ではない。

けれども「市民社会」という概念は、市民社会論者の場合も、多くはマルクス（およびヘーゲル）経由だったのではないかと思われる。（ヘーゲルと）マルクスの「ビュルガーリッヒェ・ゲゼルシャフト（bürgerliche Gesellschaft）」は、国家と区別された社会の概念であって、「ブルジョア社会」とか「市民社会」とか訳された。マルクスの場合、この概念は、ヘーゲルの場合と同じく歴史的概念として用いられる一方、戦後ようやく公表された初期のマルクスとエンゲルスの共同著作『ドイツ・イデオロギー』（一八四四年執筆）などでは生産力＝協働（Zusammenwirken）と同義とされることによって、歴史貫通的概念というふくらみをもってしまったのであって、そのような事情を解明したマルクス学の蓄積が、いま述べた平田清明の「市民社会」概念にも影響を与えたのである。[20]

しかし、「市民社会」を近代社会の意味であるという具合に、民主主義的というニュアンスを取り去って用いる場合もある。その場合、「市民社会」は資本主義社会と同義になる。近代社会を商業社会という言葉で表現する場合もある。市民社会で民間社会、経済社会を意味する場合も多い。

また「市民社会」を近代社会とは限らず、古代にも「市民社会」の概念を用いることもある。その根拠はアリストテレスの国家（政治共同体 koinonia politike）が、societas civilis とラテン語訳されたことに求められる。成瀬治によれば、アリストテレスの最初の訳者は communitas civilis, communicatio civilis を用いたが、トマス＝アクィナスはそれと並んで societas politica, societas publica, societas civilis も用いた。この societas civilis がその後、一五、六世紀の人文主義者を通じて一般的に用いられるようになるが、レオナルド・ブルーニによる『政治学』の翻訳がとりわけ重要であった。[21]

古典市民社会という言葉を使う場合、近代の市民社会と区別しているとしても、「市民社会」の古代的形態ということであって、近代市民に対応するのが古代市民ということになる。古典市民社会という言葉を歴史家が用いる場合、それは古代ギリシア、ローマのポリスを指している。古代市民はポリスの政治と軍事に参加する自由人を意味した。古代の市民社会は、とりわけ軍事的・政治的単位であり、第一に政治社会であった。それにたいして近代の市民社会は軍事的・政治的単位であるだけでなく、利益共同体としての経済的単位でもある。古典市民社会は経済的単位ではなかった。古代の経済的単位はオイコス（oikos、家共同体、家経済）であった。それにたいして近代の経済単位はもはやオイコスではなく、さまざまな経済主体であり、その総体としてのポリティカル・エコノミー＝国民（国家単位の）経済である。経済の中心実体は、もはや、いわばオイコスの近代的対応物である領地（estate）の農業経営ではなく、さまざまな経済主体を擁する国民経済であり、国内市場向けの農工商の産業資本、さらには世界に開かれた商業資本であって、それにたいして国家を超えてどこまでも広がろうとする資本主義の運動を国家が統制し、国家理性＝国家利益のもとにそれを包摂することがめざされた。

しかし、civil society を便宜上「市民社会」と訳すとしても、近代の「市民社会」の概念も、一義的ではない。ロックに即してその概念を再構成する場合とヒュームやスミス、あるいはファーガスンに即して再構成する場合とでは、「市民社会」の概念内容はかなり食い違う。スミスとミルとでも必ずしも一致しない。ステュアートの『経済の原理』を研究したヘーゲルは「市民社会」を「欲望の体系」として把握したが、その概念の内容はスミスよりマンデヴィルに近いように思われる。ヘーゲルの影響も受けつつスミス、リカードなどから労働価値説を継承して、それに洗練を加え、「市民社会」の解剖学としての経済学を構築した後期マルクスにとって「市民社会」(bürgerlich Gesellschaft) は、結局は、ブルジョア社会、資本主義社会と同じものであった。したがって、市民社会が社会主義にも貫徹するという平田の解釈はマルクスの忠実な解釈ではなかった。

名著『理論と実践』(22) に示されているように、近代思想史にも精通したハーバーマスは現代の思想家として、独自の「市民的公共性」、「討議的社会」の概念を構想している。ハーバーマスのこのような構想には、ナチズムを経験したドイツの思想家として、ドイツの負の遺産を克服することが念頭におかれていることは言うまでもない。ハーバーマスは徳の概念を問題にしていないけれども、その戦略は本質的に「市民社会と徳」という問題圏におおいに関連しているように思われる。それは、方向は違うが、ハンナ・アレント (Hannah Arendt, 1906-75) もまた無関心ではなかった問題圏ではないだろうか。

山之内靖が注目したウェーバーにおけるニーチェ問題というのは、シヴィックな徳の問題だと思われるが、どうだろうか。(23)

3 civil society は「市民社会」か――ロックの場合

戦後民主主義の偶像ともなったジョン・ロックは、戦後の日本では市民社会思想家の典型と理解された。しかし、ロックの場合、civil society を「市民社会」と翻訳することに問題がないわけではない。というのは、それは、コミュニティー(共同体)とも言われているが、ホッブズと同じくキヴィタス(civitas)、政治体(body politic)の別名であり、明らかに、政治社会なのである。これは用語法においてアリストテレスの踏襲である。しかし、ロックはもはやアリストテレスのような都市国家を念頭においてその政治理論を構築したのではないと思われる。同じ言葉によってイメージされていた政治社会の内実はアリストテレスとロックとでは同じではなく、ずいぶん異なっていたと思われるのである。なるほど、ロックにおいては社会の概念と国家の概念の明確な区別はまだなく、両者は一体と理解されている。しかし、ホッブズと同じく、ロックにも自然状態の概念がある。自然状態と社会状態＝政治体の二分法が基本的である。他方ロックは、不十分ながら、家族共同体が拡大するにつれて次第に分化していって小社会が形成されるという歴史的プロセスを論じてもいた。したがって、ロックは多様な社会の概念を把握し始めていたと言えるであろう。にもかかわらず、ロックは社会の多様性を重視せずに、あらゆる政治社会に普遍的に妥当する論理——被治者の同意による統治組織の形成論——の構築に全力を挙げた[24]。

いずれにせよ、ロックの civil society を「市民社会」と邦訳することには問題がある。しかし、ロックの政治社会は、自立した個人——各人であって市民ではない——が自らの生命と所有を安全に確保するために、主体的に、相互契約によって形成する作為の産物であって、その社会の民主的形成原理と、その主体性に注目するとき、civil society が「市民社会」と邦訳されてきたことには理由がある。確かに、石川武が指摘するように、civil society は要するにポリス＝キヴィタスのことであり、国家である。他方、civil government は「市民政府」という不可解なものではなく統治機構のことであり、国家組織のことであるという石川の理解は正確である。また civil law を「市民法」と訳すとわけのわからないことになるのであって、それは国家の法のことであるという石川の指摘も適切である[25]。

ついでながら、ホッブズの『リヴァイアサン』の場合も civil law は「国家の法」、「国法」を意味するが、邦訳は「市民法」を採用している。『リヴァイアサン』第二六章はシヴィル・ローを扱っている。ホッブズは、「市民法というとき、私が理解するのは、人びとが、あれこれの個別的なコモン-ウェルスのではなく、なんであれ一つのコモン-ウェルスの成員であるがゆえに、それをまもるように拘束されるところの、諸法である[26]。」と述べることから論じはじめて、市民法を次のように定義している。

市民法は、「臣民各人に対する規則であって、その規則とは、コモン-ウェルスが、語や書面やその他の十分な意志のしるしによって、彼に命令したものであり、それは正邪の区別、すなわち何がその規則に反し、何が反しないかの区別に、利用するためのものである。[27]」したがって、シヴィル・ローは、「市民法」と訳されているけれども、ここでは明らかに国民の義務を定めた国法のことである。しかしながら、市民＝国民であることをつねに意識していれば「市民法」で問題はない。こうした訳語問題が発生するのは、国家はギリシアではポリス（polis）であったのに、ローマではキウィタス（civitas）だったからである。しかもわが国ではポリスを都市国家と呼ぶ慣わしであったために、都市の市民と国家の国民の区別があいまいになったのである。

しかし、では石川のいうように「国家」と訳せば問題がなくなるであろうか。たとえば、「絶対王政は civil society ではない」というロックの文章を、絶対王政は国家ではないと翻訳してよいであろうか。絶対王政、君主政体の国家といえども、国家である。家産制国家は国民国家でないということなら言える。おそらくロックの言いたいことは、国家機構が国民の信託によって承認された国家だけが、「シヴィル・ソサイァティー」なのだということだろう。そうだとすれば、civil society はローマ人のいうキヴィタスであるというロックの説明にもかかわらず、イメージされているのはたんなる国家ではなく、国民国家（nation state）に近いものだと理解するのが正しいであろう。しかし、国民国家と言い切るにはためらいが残る。というのは、国民の概念がロックにおいては十分自覚的に把握されているようには思えないからである。

このように考えてくると、ロックの civil society, civil government を「市民社会」、「市民政府」と邦訳することは完全な間違いとも言い難いことになる。少なくともロックの場合は、「市民社会」の概念を訳語として用いることは、石川の言うようにほとんど誤訳だと言ってよいけれども、ポジティヴな意味も存在する。

ロックは「国民国家」の形成を論じるにあたって、主体の能力を問題にしなかったわけではない――ロックの場合、神の被造物としての人間は神の法である自然法を理解できなければならないのであって、理性が重視されていると言えよう――けれども、ハリントンのように徳の概念に訴えなかった。共和主義者であるハリントンが徳中心の政治理論を展開したことはいまではよく知られているが、ハリントンの同時代人であり、ハリントンが最大の論敵とみなしていたホッブズは、徳の概念を力の概念に解消した。それは機械論的モデルを自然にも人間、社会にも首尾一貫して適用しようとした必然的帰結であると言えよう。ロックがつかえたアンソニー・アシュリー・クーパー、のちの初代シャーフツベリ伯爵は共和主義者であり、ウィッグ党の形成者として徳中心のパラダイムと無縁であったとは思われないし、ロックが教えた第三代シャーフツベリは徳の概念に重要な役割を与えた著作を残すにもかかわらず、そうである。

第三代シャーフツベリの影響を強く受けたハチスンにとっては、徳の概念はきわめて重要であったが、スコットランドの長老派の牧師であるとともに、グラスゴウ大学の道徳哲学教授でもあったハチスンの徳の概念は複雑であるように思われる。すなわち、ハチスンの道徳哲学の中心的パラダイムはプーフェンドルフ的自然法学であるから、徳の概念の中心にあるのも自然法学の徳の概念であることは確かだとしても、さまざまな思想の伝統の合流地点に期せずして立ったハチスンの徳の概念は、ヘレニストでイングランドの共和主義者の影響圏で形成されたシャーフツベリの徳の概念と対比して、ダブリンの共和主義者モールズワースの影響も考えられるとともに、またカルヴァン派、長老派（ノックス、ブキャナン）などキリスト教の徳の概念を痕跡として刻んだものであった。しかもハチスンは社会契約論者であって、ロック流の政治社会形成論を説いている。その意味において、また社会の歴史的発展論がいまだ弱い点において、スコットランド啓蒙の父であるハチスンは、過渡期の思想家であったと言えよう。(28)

4　civil society から civilized society へ

ヒューム、スミス、ファーガスンの場合は、政治社会の形成論としての社会契約説が退けられ、社会は生活様式の漸次的発展によって未開社会から文明社会へ、小社会から大社会へ、採取狩猟生活から商業生活へと発展するという歴史的形成論が展開される。アダム・スミスに代表されるスコットランドの啓蒙思想家にとっては「市民社会」の語はキーワードではない。にもかかわらず、大河内一男、高島善哉、内田義彦たちが育んだ「市民社会」論は、とりわけスミス研究から「市民社会」の概念とイメージを形成したように思われるし、それは一見、奇妙である。civil society を市民社会と訳すことが正しい――ある程度は正しい――としても、アダム・スミスは civil society という言葉をほとんど用いていないのである。いまではよく知られているように、スミスは civil society ではなくむしろ civilized society を好んで用いた。スミスは諸国民の富の性質と起源を問題にする著作を書いた。その場合、諸国民 Nations とは、スミスにとってさまざまな経済的・文化的な発展段階にある民族集団、地域住民のことであって、それぞれ政治的組織についてもさまざまな発展段階にあるものとして、スミスの視野には捉えられていた。社会は Primitive, Savage, Barbarous, Rude, Agrarian, Refined, Commercial, Civilized などの形容詞をつけて把握されるべきものとなった。スミスは社会の概念として社会契約説によって一般化していた civil society に依拠することをやめたのである。

スミスが眼前にしていた最先端の社会的現実は、もはやアリストテレス以来の伝統的概念によっては、したがって自然法思想によっても、把握できないものであったと思われる。(In civilized society he stands at all times in need of the cooperation and assistance of great multitudes, while his whole life is scarce sufficient to gain the friendship of a few persons. WN. Vol. 1. p. 26) したがって、日本の「市民社会」論者がスミスの理論を念頭に起きつつ「市民社会」をイメージしたとすれば、それは字句に忠実であったのではなく、分業が広く行なわれ、商業が栄え、人びとが富裕に暮らしている文明社会としてのスミスの近代社会像に即してイメージしていたのだということになる。レファレンスは用語にではなくテクスト（言説）が語りだし浮かび上がらせる社会像にあったのである。分業が行なわれているとしても、人びとの関係は支配―従属の関係ではなく、相互の自由な交渉が可能な関係であり、自己労働によって豊かに暮らしている、ある程度は平等で自由な社会というイメージが「市民社会」の用語に付与されたように思われるのである。

だから、「市民社会」論は誤訳の産物であると言うのも一理あるし、(政治) 言説史の手法からは否定的に評価されるのが必然的帰結であるようにも思われるが、より本質的には、このようなスミスに即して展開された「市民社会」論は、十分に根拠のある日本の独自なアプローチであり、近代社会の特徴をそれなりに摑み出した成果でもあった。封建社会に比べて、より自由、平等、豊かな近代の社会を表現する言葉として「市民社会」という言葉を用いることには、実質的な適切さがあったと思われるのである。

近代社会、商業社会、資本主義社会、ブルジョア社会といった概念と比較して、そのような内実を表現する言葉として「市民社会」が劣っているとは思われない。しかし、一つの問題はこうして練り上げられた日本生まれの「市民社会」の概念を翻訳することの困難にある。それを civil society と表現すれば、英米の研究者はただちに「政治社会」ないし「国家」のことだと理解するからである。福田歓一とその学派はかねてから civil society は political society のことであると、明言してきた。そのことには日本の「市民社会論」への批判が秘められているが、問題はさほど単純ではない[29]。もう一つの問題は、平田清明の努力にもかかわらず、「市民社会」と社会主義の関係があいまいだった点である。

さらにまた、「市民社会」という言葉がそれ自体として意味するものと、アダム・スミスの社会像との間のギャップはつねに存在するし、したがって「市民社会」論にはあいまいさがつきまとうことにもなる。そのあいまいさは、「市民社会」思想家としてのロックにも言及されることによって増幅される。実際、戦後日本においては代表的な「市民社会」思想家はロックとスミスであるとされてきた。

高島善哉の『アダム・スミスの市民社会体系』（初版、一九二四年）は言うまでもなくスミス研究であるが、松下圭一の『市民政治理論の形成』（一九五九年）はロック研究である。田中正司の『市民社会理論の生誕』（御茶の水書房、一九七三年）はロック研究であり、同じ著者の『市民社会理論と現代』（御茶の水書房、一九九四年）はホッブズ、ロックを中心とする一七世紀の自然法思想からアダム・スミスをキーパースンとして捉えたスコットランド啓蒙までの啓蒙時代の大ブリテン思想史研究である。この田中の書物のように一七、一八世紀の大ブリテン思想史を「市民社会」思想史と把握することは、日本では通例のことである。そしてすでに論じた平田清明の『市民社会と社会主義』は、いわば「市民社会」思想家としてのマルクスの思想を復権する試みであった。したがって平田マルクス論はスミス的モーメントを強調する歪曲されたマルクス論だという批評も成立することになった。こうしてホッブズからマルクスまでは「市民社会」思想家として論じられてきたのである。

マキァヴェッリから現代のマルクス主義までを対象に精力的な仕事をしてきた水田洋の名古屋大学退官記念論文集が『市民社会の思想』（御茶の水書房、一九八三年）と題されているのは、市民社会の思想を「わが国で最も広くかつ深く研究して来」たのが水田洋だからである、と弟子の編集委員が書いている。

前述の優れた概説である「市民社会観」において田中正司は書いている。「市民社会（civil society, bürgerliche Gesellschaft）とは、私有財産所有者としての自由な諸個人が相互に社会的に交通し合うところに成立する社会であり、自由・平等の市民的社会関係を基本とする社会である。[30]」このような概念的定義のもとに、田中は一七世紀のホッブズ、ロック、プーフェンドルフの「政治社会としての市民社会論」から、一八世紀のヒューム、スミスの「文明社会としての市民社会論」、そしてルソー、ヘーゲル、マルクスの「疎外状態としての市民社会批判」を、統一的な理論的視野のもとに把握している。その手法はロック、スミス、マルクスなどから抽象された理念型としての「市民社会」の概念をまず構築し、それを手段としてそれとの比較でそれぞれの思想家の具体的な「市民社会」論の特徴を検出し、意義と限界を指摘するというものであって、これはこれとして一つの有力な解釈となっている。その整理はまことに見事であるが、あまりによく整理され統一的に説明されすぎていることが、概念史の実情に即していないのではないかという疑問を生まざるをえない。おそらく田中の「市民社会」概念の説明は、概念史の実情に即した説明であることを超えた、独自の徹底した理論的説明であり、理念型であるといったほうが適切であるように思われる。

田中によれば、「市民社会」とは最広義にはマルクス・エンゲルスの言うように社会構成員相互の協同労働の場を意味する歴史貫通的概念であり、「歴史の真のカマド」を意味する。他方、歴史的概念としての「近代市民社会」の概念は歴史のカマドとしての「市民社会」の分業・交換関係が最高度に（?）発展した結果、私有物の交換なしには自らの経済的欲求を充足できなくなった社会を意味する。一七、一八世紀の人間にとっては、市民社会は商業文明社会であったが、そのような「市民社会」が可能になるためには、所有の交換＝交通の秩序を確立する政治権力＝市民政府が前提となる。したがって、ロックなどの自然法思想家は「市民社会」を「政治社会」として捉えるのである。――このような田中の理解はわが国のほぼ通説であり、平田の市民社会論にも近似的である。このような理論的な統一的理解が有意義な理解であることを否定するつもりはないけれども、ここではもう少し、概念を個別的に分析する言説史的な道をとりたい。そのほうが問題点をより明確にし、生産的になるように思われるからである。

田中も含めて、「市民社会」の概念は広い包括的な概念として用いられることから、ただちにあいまいさが発生する。田中の整理はそれを取り除こうとする試みとして成功しているように思われるが、しかしあいまいさがないわけではない。けれども、田中の場合の問題は、実質的に理念型の構築であるのに、「市民社会」概念を実体化しているかに見えることにあるように思われる。

スミスに戻って考えるなら、スミスにとって「市民」も「市民社会」もあまり重要な概念でなかったという事実に関連する。すなわち、「市民」の概念は自然法思想のキーワードでもあったが、その自然法思想を継承したスコットランド啓蒙は市民の概念をキーワードとして継承しなかった。自然法の「市民」概念は法的概念であって、スコットランド啓蒙のパラダイム的な学問としての道徳哲学と経済学にとって法的な「市民」の概念は必ずしも必要でなかったからである。もちろん、アダム・スミスの法学講義には「市民権」(citizenship) と「市民」(citizen) についての議論がある。しかしそれは「種々の国々の法律」がどのように「市民権」(right of citizenship) を規定し運用しているかについての、過去と現在の事例の分析であり紹介にすぎないのであって、政治社会形成論と市民の関係というコンテクストのものではない。

スコットランドの啓蒙知識人は一般に、civil society より「文明社会」(civilized society) の語を好んで用いた。ハチスンを別とすれば、彼らにあっては、市民の主体的な契約の役割は政治社会の形成にはもはや見出されない。法学の著作以外では「市民」citizen という語もほとんど用いられない。けれども、市民と市民に関連する概念が完全に消滅するわけではない。自然法思想の影響のもとで、ハチスンやヒュームは「市民的自由」(civil liberty) を論じた。市民的自由とは政治的自由であり、隷従からの自立であり、独立した政治的主体としての権利である。したがって、ここには共和主義的な政治思想が浸透していると見ることができるであろう。

ヒューム、スミス、ミラーにおいては、国家の役割は公共の利益の保存に求められており、したがって、統治者が共同の利益を侵害するとき、統治者にたいする抵抗権が国民＝人びとに認められている。それは社会契約論の論理に依拠しているのではない。公共の利益の確保とは、自由、独立、平和、正義などであり、それらのよきものは、公共の場そのものに内在するものとして、コモンウェルスの属性として、理解されているように思われる。スコットランド啓蒙はそのかぎり、ホッブズ、ロックの社会契約説を退け、アリストテレスのゾーン・ポリティコン観を継承したのである。

スコットランド啓蒙において、社会の発展とともに人間の能力もまた開発されていき、人間らしい感情も次第に育まれていくという認識——人間のモラル・ファカルティーが歴史的に発展するという認識——が登場した。この認識の先に、オーウェンの「性格形成論」とミルの「エソロジー」が成立するであろう。とりわけ、ヒュームがクローズ・アップし、アダム・スミスが入念に仕上げた「共感(同感)」と「洗練」の概念は、ポーコックとフィリップスンが注目したように、[31]——すなわち卓越から慣習・生活様式へというように——徳の概念に大きな転回をもたらすものであった。

スミス、ケイムズ、ダルリンプルを含めて一七五〇年代以後スコットランドの啓蒙知識人は、生活様式の四段階論——採取狩猟、遊牧、農耕、商業——を説いた。[32] それはモンテスキューにもヒュームにもまだ十全な形では見られないもので、スコットランド啓蒙とチュルゴ以後のフランス啓蒙の新機軸とみなせるものである。その段階論を導きの星として、また作業仮説として駆使することによって推測的歴史を構想しつつ、スコットランドの啓蒙思想家は、チュルゴ以後のフランスの啓蒙思想家にもまして、前世紀の自然法学者には不可能であった社会と人間のより精緻な分析を行なうことができるようになった。自然状態と社会状態を対比して考察する自然法論(社会契約説はその系論)の二分法に代わって、未開と文明の対照と社会の四段階比較が導入されたのであるが、これが社会理論にとっていかに大きなパラダイム転換であったか、ということはいまでは広く認識されているであろう。

市民社会の概念を用いようと、文明社会の概念を用いようと、もはや社会は抽象的な、時間を超えた、普遍的概念によってイメージされるのではなく、より具体的な人間集団の、その発展段階に対応した独特の文化と生活をともなった営みの場として、類型的にイメージされ分析されるようになる。このような歴史主義の視野からは「市民社会と徳」という問題設定は迂遠なものとなるであろう。にもかかわらず、このような歴史主義的見地に到達したスミスもファーガスンも徳の概念を退けなかったが、それは彼らが道徳哲学者として、人間主体の問題を扱った射程の広さにかかわるであろう。[33]

他方、前述のように、スコットランド啓蒙は全般的傾向として、徳の概念に相応の注目をしたとしても、「市民」の概念にはあまり関心を抱かなかった。ブリテン思想史において「市民」の概念に深い関心を示した思想の伝統は、自然法思想、自然権思想の伝統にもまして共和主義の伝統である。共和主義の伝統における市民の概念は徳の概念と一体であった。そのようなものとして、政治的腐敗、専制政治を退けた共和主義にとっては、市民革命と市民的自由は、つねにコロラリーであった。

スコットランド啓蒙においては、「市民的自由」と「市民革命」についての議論があまり有力なものではなかったことは否定できない。スコットランド啓蒙における共和主義の伝統は、明らかに主流ではなかった。

5 「市民革命」と「市民的自由」の概念

「市民革命」の概念は、「市民社会」の概念ほど問題はないように思われるし、広く定着している。事実として、イギリス革命、アメリカ独立革命、フランス革命などの総称としての市民革命は、ブルジョア階級としての市民階級を主体とする革命であり、市民階級の利害の表現であった。この場合の市民階級というのは、都市の有産市民としての——上流の地主・貴族でもなければ、下層の労働貧民でもない——ブルジョア階級と言い換えることができる。

しかし、いずれの市民革命も人権宣言、すなわち、人間としての尊厳においてすべての人が平等に権利を保証されなければならないという主張を伴っている。革命の主体、担い手は主として新興のブルジョア階級であるとしても、革命の目標は階級を超えたすべての人間、市民の権利の獲得におかれた。人権論というものは本来そういう無差別のものである。したがって、典型的なブルジョア革命とされてきたフランス革命も、「人と市民の権利」宣言によって自然人と市民＝公民＝国民の権利の主張を行なったように、本来は決してブルジョア階級の閉鎖的な革命だったわけではないのである。

しかし、フランス語の「シトワイアン」という言葉は、市民と訳して問題がないわけではない。市民とは階級を問わない国民、すなわち都市または国家（シテ）の構成員のことなのだから、「市民革命」の概念も必ずしも単純ではなく、問題があることがただちに推定されるであろう。語源をさかのぼると、ラテン語の国家 civitas キヴィタスにたどり着く。市民法 civil law も元来はキヴィタスの法を意味した。こうした言語慣習は一七世紀の自然法論者にはなじみのものであった。それが変形を受けるのは一八世紀以降の社会の大きな変容——資本主義によるダイナミックな文明社会の誕生——によってである。(34)

けれども、すでに述べたように、イギリスにおいてもフランスにおいても、またアメリカにおいても、革命の中心主体がほぼいわゆるブルジョア階級だったことは否定できないであろう。また革命後成立した社会においても、だいたいのところブルジョア階級が社会の中心主体となったという意味でも、ブルジョア革命としての市民革命ということができる。この場合の市民とは中間階級としてのブルジョア階級ということになる。ただし、イギリスの場合は、社会の中心主体はブルジョアとなったということができるとしても、統治階級として政治の実権を握ったのは相変わらず名望家層としての貴族とジェントリー(地主階級)であるという特徴が存在した。

ピューリタン革命の時期から一九世紀末にいたるまで、イギリスの土地貴族がいかにして統治階級として生き延びたかを考察した水谷三公[35]は、このような認識を基礎に市民革命説を否定している。すなわち、水谷は、いわゆるイギリス革命は、市民革命やブルジョア革命政府と呼べる内実はなにもなかったし、社会構造の変革と呼べるような変革もなかったから市民革命ではなかったと理解する。水谷は最近のストーンをはじめとするイングランドの実証史学の成果に依拠しつつ、トーニーやヒル以来の「イギリス革命論」のパラダイムを一掃する。水谷は市民階級が商業社会の実権を握ったということ――下からの産業資本の形成――を否定して地主貴族のブルジョア化を強調するのである。いわゆるイギリス革命になんらの積極的意義を認めない水谷のこの実にシニカルな史観は、ロック以来の啓蒙哲学者のテクストをどう理解するのだろうか。

じつは、水谷はロックの『統治二論』を取り上げている。水谷は「『二論』にみられる主張をその混乱・不徹底と一体をなすものと考え、それを同時代の『見解を醸す気候』の基本的特性であるシニシズムのなかで理解しよう[36]」と試みる。失敗に終わったピューリタン革命のあと、王政復古から排斥法危機、そして名誉革命の時代に知識人をとらえた思想的空気を水谷はシニシズムと名づける。そしてロックもまた時代の基本的特性であるシニシズムにとらえられていたというのである。はたして、われわれはロックの『統治二論』にシニシズムを読み取ることができるであろうか。水谷の問題提起は貴重であるが、過度な思い込みの産物のように思われる。

6　市民的「徳」の概念

冒頭でふれたように、市民社会（国家または社会）を論じて徳を問題にした思想家は多い。その代表はアリストテレス、マキァヴェッリ、ハリントン、モンテスキュー、ルソーなどであり、スミスも弱い意味ではそうであった。「市民社会と徳」で問題となる徳は、アレントの指摘をまつまでもなく、思想家各人によってニュアンスがあることは言うまでもない。けれども、おおよそ共通の傾向としてこれらの思想家においては、公共社会で問題になる徳は、もとよりキリスト教的な徳であるより、世俗的な徳であり、世俗的な公共精神であったといってよい。そして「市民社会と徳」という、この問題設定は自由主義のものではなく、とりわけ共和主義のものである。

さまざまな共同体は、その共同体を維持するために成員に徳を要求するであろうが、その徳は共同体の性質によって異なるであろう。キリスト教共同体の場合は、それは愛（同胞愛、隣人愛）であり、神への敬虔である。政治がとめどなく流動化し、世俗的利害と情念が我が物顔に闊歩し始めたルネサンス・イタリアでは徳はいわば乱世を生き抜くための力であり、剝き出しの権力の意思でもあった。したがって、キリスト教的伝統との仮借なき断絶こそ必要とされた。アレントはマキァヴェッリについて次のように述べている。

> マキァヴェッリが人間のとりわけ政治的な特質と見なした力（ヴィルトゥ、virtu）は、ローマの徳（ウィルトゥース、virtus）のような道徳的性格の意味も、ギリシアの徳（アレテー、ἀρετή）のような道徳的に中立な卓越性の意味も含まない。力（ヴィルトゥ）とは、世界に向かって、あるいはむしろ運命（フォルトゥナ）の星座――運命の星座のもとで世界は人間つまり人間の力（ヴィルトゥ）に対して開かれ、現われ、提示される――に向かって、人間が奮い起こす応答といえよう。運命なしに力なく、力なしに運命はない。力と運命の交錯は、人間と世界が戯れ合いながらその位置を入れ換え合う、人間と世界の調和を物語る。この調和は、政治家の知恵からも、また個人の道徳的ないし他の卓越性、専門家の能力からも遠く隔たっている。(37)

近代国家は順法精神と祖国愛を要求したが、ただ要求するだけでなく、近代国家は教会から教育を奪い、国家教育を制度化＝国定化することによって、自ら教育に乗り出した。近代国家は、人間の陶冶・訓練・教育という直接にはキリスト教から受け継いだ、ながい規律化の過程を強制的に経営することによって、共同体構成員の性格形成を試みたのである。しかし、そのプロセスが大きな変動と地域的差異をもっていたことも疑えないであろう。徳の概念はすでに述べたように、またいま引用したように多様である。キリスト教の徳の概念、ギリシアのアレテーとしての徳の概念、ローマの（ストア派の）道徳的ニュアンスの徳の概念、共和主義の徳（シヴィックな徳）の概念は相互に異なった徳の概念である。

それぞれの地域で国家が国民を創出しようと試み、規律と愛国の教育を展開しようとする一七世紀以後のヨーロッパにあって、イングランドにはイタリアから、あるいはオランダ経由で共和主義が流入し、知識人の関心をとらえた。こうして自立した人間と社会の思想のグランド・セオリーとして次第に体系化と洗練を遂げていった共和主義の市民論は、国家の側の国民論あるいは自然法思想と対抗しながら、またときには融合しながら、人間と社会、政治と国家に関する考察を推し進めることになる。

このようなプロセスは、ポーコックが雄渾の筆致で描いて以来、多くの研究者の関心を引き、研究は深化し、多くの論争を引き起こし、研究の飛躍的な発展へとつながってきたけれども、まだ多くの未開拓な領域を残している。たとえば、大ブリテン思想史における、さらにはアイルランド思想史における一八世紀初頭のキーパースンである、フランシス・ハチスン一人とってみても、最近の盛んな研究にもかかわらず、すでに言及したように、自然法思想と共和主義、ストア主義、キリスト教の折衷、あるいは統合の様相とコンテクストはまだ十分に解明されているとは言いがたい。

共和主義の特徴をなす三要素をフィリップ・ペティット（Philip Pettit）は、反君主政をモチーフとする「法の支配」、共和国は「抑制・均衡（check and balance）の支配」を必要とするという観念、「徳の支配」の観念に求めている。(38) この徳の支配、すなわち有徳者の支配＝統治だけをとってみれば、プラトニストたちはことごとくその立場にあったし、徳の支配を否定する思想家はむしろ稀であるように思われるが、しかしペティットの三つを認める思想家となると非常に限定されるであろう。しかし、この基準によれば、明らかにヒュームは共和主義者であることになると思われるし、これまではっきりしなかったヒュームの政治思想の明確化に役立つであろう。

ロックは一、二の要素はあるけれども、三の要素を退けた。ホッブズにはこの三要素のいずれもほとんど存在しないと言ってよい。そうだとすれば、ロックは共和主義の影響を受けた思想家なのだろうか。

人脈からするとロックは、共和主義と無関係であったとは思えないし、まして共和主義の伝統を知らなかったということはありえない。ロックはシャーフツベリ家の侍医であったし、シャーフツベリの周辺には共和主義的傾向をもったウィッグの父祖たちが集まっていた。ロックの友人にはシドニーのような共和主義者がいた。しかしロックが採用した政治的思考は共和主義のそれではなく、自然法学のそれであった。すでに一六六〇年にロックは自然法論を執筆した。ロックはなぜ自然法学の伝統にコミットしたのだろうか。敬虔なキリスト者であったロックにとって、アルミニウス派であったグロティウスにとってと同じく、自然法思想は親近感をもてるものであっただろう。そして自然法学と自由主義は密接な関係があった。しかし、自然法思想は世界の解釈をもたらすとしても、それ自体は実践哲学ではない。ホッブズが自然法は内面の規範にとどまると述べたように、自然法は一般的な道徳法にすぎず、強制力に限界があった。ロックにしても自然法の認識から政治的行動を引き出したのではないであろう。むしろ、切迫した専制政治への対決の必要性、専制を打倒して、自由な政治制度を構築することの不可避性の判断から、ロックも実践への指針を引き出したであろう。そうとすれば、これは共和主義精神の発露と無縁とは言えないであろうが、しかしそのような言説をロックは展開しなかった。

スキナーが主張したように、自然法学と共和主義はさかのぼれば共通の伝統から育った二つの流れの伝統であると言えるとしても、両者の関連は前二者の関連ほど密接なものではなかった。すでにロックの時代においては明確に異なる思想的伝統となっていた。しかし、ロックの被治者の同意に基づく政治——民意尊重——という政治理念は、自由主義的であるとともに共和主義的でも民主主義的でもあるように思われる。けれども、ロックと共和主義の関係はさほど濃密であったようには思われない。精神は言語によって制約される。ロックは法の言語で政治制度を把握することによって、法中心の政治理論を構築した。

ロックの同時代の代表的な共和主義者には、例えばシドニーがいる。そしてシドニーの政治的立場は、両者がともにフィルマー批判をモチーフとして統治論を展開したことにも示されているように、ロックとさほど離れていたわけではないのである[39]。

一八世紀になると、イギリスにおいては近代国家の制度が安定し、政権は寡頭制支配となっていく。しかしながら、商業ジャーナリズムが本格的に成立した公共空間において権力、富、徳をめぐって多様な公論が展開され、党派抗争が盛んにくりひろげられ、そのようなダイナミズムを通してブルジョア的なインタレストのイデオロギーが制度化される。しかし、剝出しのインタレストの角逐と主張は、政治と経済のダイナミックな発展と絡み合っていたものの、そのような発展・繁栄は徳なき精神の跳梁であり腐敗にほかならず、徳を重視したカントリからの激しい批判を浴びることとなる。繁栄が爛熟すればするほど腐敗堕落は深刻化し、それに応じてブリテンの共和主義は急進化していく。このような共和主義（シヴィック・ヒューマニズム）の歴史はポーコックが相当詳細に明らかにしたが、ポーコックの衝撃的なテーゼ[40]は、その後の活発な研究を生み出すことになった。その論争はまたあらたに検討する余地がある[41]。

終わりに

徳は現代の社会理論におけるキーワードの一つになりつつある。とりわけ、徳を活発に論じているのは、アメリカの学界である。すでに過去の人となったハンナ・アレント、ポーコック、そしてマッキンタイアが三巨頭だろうか。アレントと公共哲学、ポーコックと共和主義思想史、マッキンタイアとコミュニタリアンというこの三グループの徳論は相当に異なっている。彼らの間の相違が、活発な言論活動を誘発しているという側面があるように思われる。祖国愛や愛国心の論議も盛んになってきたが、それはブッシュ政権の成立と九・一一テロ以前からの潮流である。ポスト九・一一における共和党的好戦論と、そうした思想史的潮流は区別されなければならない。真の共和主義者は、もちろん、テロにも反対すれば、イラク攻撃にも反対するであろう。

三グループの徳論の相互比較と、とりわけポーコックに始まる共和主義思想史の新しい研究成果についての検討が不可欠であるが、それは別の機会に行ないたい。

本章は「市民社会と徳」という問題について、この問題との関連で戦後日本の思想史をも回顧したが、市民社会も徳も重要な意義をもつ概念であるという認識に立っている。しかし、両者はともに概念としての明確さという点で、きわめて多義的であり、あいまいである。したがって、両者は概念として再検討しなければならないことは言うまでもない。そのような検討を経たとき、共和主義的徳の意義が明らかになるであろう。

結論を言えば、本章の背後にある立場は、共和主義的な市民社会と徳の概念を現代的アクチュアリティをもつものとして、顧みる必要があるというものである。もちろん筆者は、社会の主体は個人であるべきだと考える。しかし、個人は自由な権利の主体であるというだけでは十分ではない。公共的個人という概念を明確に確立する必要があるのではないかという理解に立っている。

個人と公共は対立概念であるように思われてきた。実際、自由主義はそのような想定にしばしば立っている。個人と公共の関係が難問であることは言うまでもない。両者を対立概念と考えることがいかに欺瞞的であるかということを激しく論難したのは、ルソー[42]であった。個人と公共を対立概念として考えるかぎり、自由主義は、公共の利益を侵さない範囲で、個人の権利を、そして個人の欲望追求を優先するであろうし、そのような個人はしばしば利己主義的個人へと堕落するであろう。公共の規則や利益を侵して、社会に損害をもたらせば、処罰されるであろうけれども、それによって社会が味わう失望を考えると、このような個人主義的、功利主義的な自由主義に問題があることは、言うまでもない。したがって、さまざまな公共哲学の試みが行なわれてきたのである。ルソーとは対蹠的な立場に立っていたアダム・スミスにも、そのような試みを見ることができる。

近代の共和主義は利己的個人を否定した思想である。その意味ではスミスはすでに近代社会における共和主義の不可能性を明らかにしたと言えるかもしれない。スミスは近代社会の原理を勤労と商業に見たが、それは利己的欲望の追求にほかならなかった。しかし、そのスミスも公共精神の意義までは否定はしなかった。スミスが断罪したのは公共の利益を掲げて、その美名に隠れて、私益を追求する個人の欺瞞であった。スミスは、解放された利己的欲望に正義のルールを与え、正義と生命を守るために、ささやかな徳、公共精神を注入した。このバランスを取り違えないことは重要である。そのスミスは利己的欲望の肥大には批判的であった。

現代の文明社会では、利己的個人を否定することは困難である。したがって社会思想にとっては、利己的個人の社会化を考えることが重要となる。一八世紀からの社会思想の課題はまさにそこにあったと言ってもよい。利己的個人の社会化に成功すれば、抑圧的な国家や権力装置はますます不要になっていくはずである。社会はますます自由で平和になるはずである。それはユートピアに見えるかもしれない。社会主義は、利己的個人の社会化を断念して、社会組織の社会主義化によって利己的個人を抑圧したが、それは人間の本性からして無理な試みであった。

利己的個人の社会化は教育や司法が担うということになっているが、さまざまな市民運動やヴォランティア活動も大きな役割を果たしている。すなわち経験が利己的個人の社会化を促進するということである。多様な経験は自由主義社会が可能にする。そして思想的には、自由主義を前提にしつつ、利己的個人主義に対置すべきものとして公共的個人主義の可能性を検討することが、これからの課題である。まず公共的個人の概念[43]を確立することがその一歩になるだろう。

(1) 内面性を際立った特徴として近代自然法を解釈する福田歓一『近代政治原理成立史序説』岩波書店、一九七一年を参照せよ。外在的秩序観としてのトマス的自然法思想の内面化のモーメントについては、プロテスタンティズムと新ストア派が考えられるが、前者の影響が圧倒的に大きかったであろう。

(2) 柳父章『翻訳語成立事情』岩波新書、一九八二年。

（3）阿部謹也は現在でもわが国にはヨーロッパで言う社会は存在せず、存在するのは世間であると主張する。阿部謹也『「世間」とは何か』講談社現代新書、一九九五年、同『学問と「世間」』岩波新書、二〇〇一年。
（4）丸山眞男『日本政治思想史研究』東京大学出版会、一九五二年。
（5）ヘーゲル弁証法や西欧の近代自然法思想の展開をイメージしつつ、コンテクスト分析によって徂徠学の成立と解体を論じる手法はきわめて鮮やかであったが、その手法の妥当性の批判的検証が近年行なわれていることも記憶しておこう。子安宣邦『事件としての徂徠学』ちくま学芸文庫、二〇〇〇年（初版、青土社、一九九〇年）など。
（6）丸山眞男「歴史意識の『古層』」、同編『歴史思想集』筑摩書房、一九七二年、『丸山眞男集第十巻』岩波書店、一九九六年に再録。
（7）内田義彦『読書と社会科学』岩波新書、一九八五年。
（8）ランガー、矢野万里ほか訳『シンボルの哲学』岩波書店、一九六〇年、七ページ。
（9）中村雄二郎『現代情念論』講談社学術文庫、一九九四年（初版、勁草書房、一九六二年）二八―九ページ参照。
（10）藤原保信『自由主義の再検討』岩波新書、一九九三年、一九一ページ。
（11）J. G. A. Pocock, *Politics, Language and Time*, Atheneum, 1971 (1989).
（12）「『富と徳』は、アダム・スミス解釈を舞台とした、ケインズ主義とマルクス主義とスコットランド・ナショナリズムの、反新自由主義・反サッチャリズム連合という性格をもっていたと言ってよいだろう」（新村聡『経済学の成立』御茶の水書房、一九九四年、三五六ページ）という解釈は話としてはおもしろいが、そこまで言うのは言い過ぎであって、この発言を文字通り受け取るなら、研究者の仕事を現代の問題への党派的コミットメント抜きには理解できないという党派還元論的な読み込みである。ポーコックはその連合への援軍とでもいうのだろうか。ジョン・ダンの寄稿はどう解釈されるのだろうか。『経済学の成立』の著者は自らのスミス研究を――それは優れたアカデミックな仕事のように思われるのであるが――どのようなイデオロギー的コンテクストの仕事だと考えているのだろうか。

(13) この概念を明確にしようとした試みに、戦後の市民社会論者の一人と目される田中正司の「市民社会観」(田村秀夫・田中浩編『社会思想事典』中央大学出版部、一九八二年、『市民社会理論と現代』御茶の水書房、一九九四年に再録)があるし、成瀬治の『近代市民社会の成立』(東京大学出版会、一九八四年)は「市民社会」の概念内容の歴史的変遷について広範な知識を提供している。これらの文献は随時参考にする。

(14) バーリン、ジャハンベグロー、河合秀和訳『ある思想史家の回想』みすず書房、一九九三年、一三〇―三三ページ。

(15) 「宗教改革の文化的影響の多くが……改革者たちの事業から生じた、予期されない、いや全然意図されなかった結果であり、しばしば、彼ら自身の念頭にあったものとは遙かにかけはなれた、あるいはむしろ正反対のものだった」(ウェーバー、大塚久雄訳『プロテスタンティズムと資本主義の精神』岩波文庫、一九八九年、一三四ページ)。

(16) 近代化論もいろいろあって、ロストウ流の近代化論から、鶴見俊輔・和子のプラグマティズム、大塚史学など多様な潮流が近代化論と呼ばれた。

(17) したがって、戦後日本の市民社会派を問題にする場合には、次のような四類型を設定することが可能であろう。すなわち、非マルクス主義的近代主義的市民社会派(大塚久雄、丸山眞男、川島武宣、鶴見俊輔、福田歓一)、非マルクス主義的非近代主義的市民社会派(増田四郎)、マルクス主義的近代主義的市民社会派(内田義彦、平田清明)、マルクス主義的非近代主義的市民社会派(羽仁五郎、林達夫、水田洋)。

(18) 『自由主義の夜明け アダム・スミス伝』国土社、一九七六年。

(19) 木﨑喜代治「スミスとルソー――人間像析出の試み」、『季刊社会思想』第三巻第一号、一九七三年、同「スミスにおける有徳の人について――ルソーとの対比において」、経済学史学会編『「国富論」の成立』岩波書店、一九七六年。

(20) 大谷津晴夫はリーデルの「ビュルガーリッヒェ・ゲゼルシャフト」の概念を紹介し、わが国の「市民社会論」が civitas と societas civilis を等置するアリストテレス的伝統ではなく、両者を区別する一九世紀初頭のドイツの伝統と問題設定が近いことを指摘している。ただし、大谷津は civil を常に「市民」と訳すことになんらの疑問ももっていないようである。大谷津晴夫「旧ヨーロッパの『市民社会』理論と近代自然法の『市民社会』理論」、『上智経済論集』第二五巻第三号、一九七九年。

(21) 成瀬治『近代市民社会の成立――社会思想史的考察』東京大学出版会、一九八四年、二四ページ。

(22) 原著一九六三年。ハーバーマス、細谷貞雄訳『理論と実践』未來社、一九七五年。

(23) 山之内靖『ニーチェとヴェーバー』未來社、一九九三年、同『マックス・ヴェーバー入門』岩波新書、一九九七年。

(24) 一六世紀から一七世紀初頭にかけての civil society の語義については、塚田富治「初期『市民社会』考」、『一橋論叢』第一一六巻第三号、一九九六年が参考になる。

(25) 石川武「いわゆる『市民政府論』（ロック）に関する覚書（一）」、『北大法学論集』第三六巻第一・二号、一九八六年。

(26) 水田洋訳『リヴァイアサン』岩波文庫、第二分冊、一九九二年（改訳版）、一六三ページ。

(27) 同前一六四ページ。

(28) ハチスンの諸側面に留意している研究として、以下を参照。C. Robbins, "When it is that Colonies may turn Independent: An Analysis of the Environment and Politics of Francis Hutcheson, 1669-1746," in *William and Mary Quarterly*, xi, later in

Absolute Liberty: A Selection from the Articles and Papers of Caroline Robbins, ed. by B. Taft, Archon Books, 1982. Thomas P. Miller, "Francis Hutcheson and the Civic Humanist Tradition", *The Glasgow Enlightenment*, eds. by A. Hook and R. Sher, Tuckwell Press, 1995.

(29) 福田歓一「日本における政治学史研究」、有賀弘・佐々木毅編『民主主義思想の源流』東京大学出版会、一九八六年、所収。

(30) 田中正司「市民社会観」、田村秀夫・田中浩編集代表『社会思想史事典』中央大学出版部、一九八二年、六一ページ。

(31) J. G. A. Pocock, *Virtue, Commerce and History*, 1983, Cambridge U. P. ch. 2. N. T. Phillipson, "Culture and Society in the 18th Century Province: The Case of Edinburgh and the Scottish Enlightenment", in *University in Society*, Vol. II: Europe, Scotland, and the United States from the 16th to the 20th Century, ed. by L. Stone, Princeton, 1975.

(32) 新しい歴史的な社会の認識様式としてのこの四段階論については、L. Meek, *The Social Sciences and the Ignoble Savage*, Cambridge U. P., 1978 を参照されたい。

(33) ここであえて歴史主義という表現を用いることには、マイネッケの歴史主義研究を再評価する思いも託されている。一九世紀ドイツにおいて本格的に成立する歴史主義の先駆を求めて、スコットランドの啓蒙史学へも視野を広げたマイネッケは、文明社会史の語を用いなかったとしても、実質的に、スコットランドの歴史叙述が文明社会史の内実をもった歴史主義であることを明らかにしていた。千代田謙の孤高の『啓蒙史学の成立』の種本がマイネッケの『歴史主義の成立』であったことは、一目すれば明らかである。その遺産を一歩洗練したのがパスカルであり、その「スコットランド歴史学派」の概念であった。パスカルを継承したのはフォーブズであり、ミーク、ポーコックがそれに続いた。パスカルは意図せざる結果の論理に注目し、フォーブズは「目的の異種性の論理」を明示してマイネッケの意義を再評価した。スコットランド啓蒙の歴史認識の基礎にある歴史理論を生活様式の四段階説として明確化したのはミークであった。

(34) ホッブズやロックが自然状態という概念で萌芽的な社会、社会的事物の誕生を理解していたとすれば、マンデヴィルは多種多様な欲望追求行為に即して日常の生活空間として社会を取り出すことに成功する。社会とは個人が欲望を追求する空間、すなわち禁欲主義的伝統からすればほかならぬ悪徳を追求する世界となった。

(35) 水谷三公『英国貴族と近代　持続する統治 1640-1880』東京大学出版会、一九八七年。

(36) 同前一四七ページ。

(37) ハンナ・アレント、引田隆也・斎藤純一訳『過去と未来の間』みすず書房、一九九四年、一八七ページ。

(38) J. Horton and S. Mendus eds., *After Mackintyre*, Polity Press, 1994, p. 187.

(39) シドニーについては英米でも必ずしも多くの研究があるわけではないが、わが国ではいっそう遅れており、数篇の論考があるにすぎない。スコット (Jonathan Scott, *Algernon Sidney and the English Republic 1623-1677*, Cambridge U. P., 1988. Do., *Algernon Sidney band the Restoration Crisis 1677-1683*, Cambridge U. P., 1991) やヒューストン (Alan Craig Houston, *Algernon Sidney and the Republican Heritage in England and America*, Princeton U. P., 1991.) の研究を踏まえた、本格的な研究の登場が待たれる。

(40) シヴィック・ヒューマニズムの一七世紀のイングランドへの導入とその際のパラダイムの変容を分析することは、ポーコックの大著 *Machiavellian Moment*, 1975 の第一〇、一一章のテーマであった。

(41) ポーコックは『マキァヴェリアン・モーメント』において大ブリテンの一九世紀の共和主義を扱わなかった。しかし、一九世紀に共和主義思想はすっかり消滅したのではないであろう。たとえば、ヴィローリはミルの『自由論』や『代議政体論』に共和主義思想を認めている。Maurizio Viroli, *Republicanism*, Hill and Young: New York, 2002, p. 108. 本格的な研究はこれからである。

(42) ルソーに始まる、あるいはモンテスキューを嚆矢とするフランスの共和主義は、とりわけ大革命によって、英米の共和主義と違った特徴を獲得しつつ展開されていったと予想されるが、そのようなフランスにおける共和主義の歴史はこれから描かれなければならないだろう。

(43) 公共的個人主義という言葉を筆者は civic humanism の訳語として考えている。とすると公共的個人は civic man の訳語ということになるだろう。公共的個人というと、カントの自由な道徳的主体としての人間像が、それに近いようにも思われる。ドイツにおける共和主義の歴史もこれから改めて問題になるであろう。

第6章　啓蒙と改革——一八世紀研究の視座

1　思想史研究者として

わたしの世代は、戦後のベビー・ブームのなかで生まれ、町工場のストライキや六〇年安保の騒動の記憶をかろうじてもちえた少年期に、経済の高度成長に遭遇し、青年期に水俣病やイタイイタイ病などの公害に衝撃を受け、ベトナム戦争に反対を唱え、大学紛争を経験した世代であって、ごく自然にマルクス主義にひかれていった最後の世代である。当時マルクス主義は、現実分析の理論であるとともに、それ以上に実践哲学であり革命の思想であった。当時のわたしは、わが国の政治も社会も救いようがないほど腐敗しており、世界に広がっている資本主義は不正なシステムであり、革命による刷新が不可避であるという思想を抱いていた。社会主義には可能性があるという期待あるいは幻想があった。

七〇年代に入って、なにをすればよいのかまるで見当がつかなかったが、わたしは悩んだ末に大学院に進学し、経済学者の卵となった。いまは亡き四人の先生（河野健二、大野英二、平井俊彦、田中真晴）の授業に出ながら、マルクスとウェーバー、宇野弘蔵、大塚久雄、丸山眞男、内田義彦、小林昇、水田洋、廣松渉などや西欧（西洋）マルクス主義者の諸著作の再読から研究生活に入ったのであるが、その後、社会主義の没落が日に日に現実として迫ってきて、問題意識の変容は避けられなかった。これまであまりに社会や世界を単純に考えすぎていたことが明らかになった。マルクスはおろか、ウェーバーのような緻密な歴史社会学的分析も、はるかに複雑な社会の現実と社会変動を捉える用具としては、大きな限界があることがわかってきた。それは人間の思想、感情、行動原理の多様性の発見であり、社会の複雑さの認識であり、認識の成長でもあれば、ある種の転向でもあった。利己的存在としての人間を単純に否定することはできないと考えるようになった。

大学を含めて、社会の堕落という現象も単純な分析を受けつけない複雑な現象であって、どのような変革をしたところで、いかほどの有効性もないらしい、しかし現実はどこをみても現状維持でよいとは思えないという認識が新しい出発点となった。関心は途方もなく広がっていたが、範囲を絞るべきときがきた。わたしはロシアや中国への関心を絶ち、ドイツとフランスの現代思想も断念し、フランス革命思想も捨て、日本思想史も棚上げし、一七—一八世紀の英国の専門家となっていった。封印した世界にはまた戻ることもあろうと思っていた。当面の課題としては、形成期市民社会の現実と啓蒙思想家の思想をできるだけ追いかける思想史研究に限定した。

啓蒙思想を研究対象としなければならない必然性はなかったが、ヒュームとスミスの思想を追えば道が見えてくるのではないかと予想して、ホッブズで修士論文を書いたあと、力点を一八世紀に移した。イギリス革命やフランス啓蒙なども勉強しながら、次第にスコットランド啓蒙研究（当時はスコットランド歴史学派と言われていた）へと進んだ。一九七〇年代から一九八〇年代にかけて、スコットランド啓蒙研究は英語圏で非常な盛り上がりを見せたし、共和主義研究も盛んになってきた。こうしてフォーブズやポーコック、フィリップスン、ホントやイグナティエフ、ジョン・ロバートスンなどの仕事と直面する結果となった。

わたしが二〇代の終わりから四半世紀参加し、鍛えてもらったホーム・グラウンドは、田中真晴先生主宰の「方法論研究会」であり、そこでは思想史以上に理論と経済学のトピックについて研究を深めた。先生とのハイエクの共訳『市場・知識・自由』（一九八六年）はその副産物である。ハイエクの翻訳をしたことは信奉者であることを意味したわけではないが、伊東光晴さんから先生が論難されることもあった。

「啓蒙と改革」という主題はヴェントゥーリ的主題である。その主題をスコットランド啓蒙において、前述の研究者や、キャロライン・ロビンズの『一八世紀のコモンウェルスマン』（一九五九年）、ミークの諸著作からも示唆を受けつつ、追いかけることが一九八〇年代以降の仕事になった。誰にもましてポーコック（『マキァヴェリアン・モーメント』一九七五年、『徳・商業・歴史』一九八五年など）から大きな示唆を得た。啓蒙、自然法、共和主義、経済学、改革という五つのキーワードが構成する思想空間は、野蛮と洗練、戦争と社交性、専制と自由、富と徳、寛容と差別、議会政治と市民的公共性、商業と腐敗、権威と功利、帝国と植民地などの問題性に満ちた世界であった。

わたしはヒュームについて試論を書き始めたころに、すでにジョン・ミラーの主要な著作に出会っていた。彼の『階級区分の起源』（一七七一年）と題する小著は魅力的な作品であった。ミラーはアダム・スミスの高弟であるが、彼について根気よく調べ、その著作を読み進めた。ミラーはグラスゴウ大学の法学教授であり、まさに「啓蒙と改革」を体現した共和主義的な思想家だった。しかし、先駆的な唯物史観を見るパスカルとミークや歴史社会学を強調するレーマンのミラー解釈と異なる、わたし自身のミラー像ができるためには長い時間がかかった。ほぼ四半世紀後の一九九九年に『啓蒙と改革――ジョン・ミラー研究』を刊行した。最初の著書『スコットランド啓蒙思想史研究』（一九九一年）から八年後である。これまでにわたしは関連書を数冊書いたが、スコットランド啓蒙研究はいかほども進んでいない。わたしはこの間、意図的に共和主義研究に深入りしていた。

こうして次第に啓蒙と共和主義と経済学の関係にわたしの関心は集約できるようになってきた。ヨーロッパの啓蒙は、知性の力を頼みとするベーコン主義あるいは経験主義、権利と義務（規範）に関心をもつ自然法思想と、自由（公共性）と活動的生活（徳）の理念を追求する共和主義から変革の知的道具を得たが、啓蒙はやがて経済学を生み出す。それは改革と進歩の物質的基礎の発見を意味する。スコットランド、フランス、イタリア（そしてイングランドやアイルランド）で経済学をもった啓蒙は、自覚的に商工業を発展させようとするであろう。啓蒙は経済学を通じても改革に出会う。大ブリテンとフランスの経済学は植民地アメリカにも伝えられ、ささやかながら留学生を通じて方々に広まっていった。このような啓蒙の経済学が形成されるコンテクストとその意味を研究することが、現在のわたしの課題の一つである。類似の問題意識をもっている研究者は英国と欧米に多い。以下、この課題についていくつかの角度から考察を試みることにする。

2　啓蒙・共和主義・商業

啓蒙にとって改革は至上命題である。啓蒙思想家がそれぞれ多少とも異なるように、地域と時代によって改革の課題も主要な思想の特徴も多様であるが、共通性もある。啓蒙は一つなのか（ロバートスン）、それともさまざまな啓蒙があるのか（ポーコック）、研究者の見解は分かれている。しかし、無理やり統一的啓蒙像を描く必要もなく、啓蒙には普遍的側面と多様な側面がある。

フランス啓蒙ではデカルト主義的な「立法改革論」とモンテスキュー的な多元的相対主義が目立っているが、スコットランド啓蒙では、道徳哲学によって人間形成と下からの正義や勤労の基礎づけが強調されるとともに、生活様式の四段階論をもつ歴史意識によって発展的な世界史の展望が生まれた。ドイツ啓蒙はカントが代表するように抽象的な「啓蒙的理性」主義が特徴である。以上の三者を啓蒙の代表と見るのがこれまでの通説である。

イタリアに啓蒙があることは明らかであるが、アイルランドと同じく、イングランドに啓蒙があるかどうかは論争になってきた。わたしは一七世紀から一八世紀にかけてのイングランドにはオランダと同じく先駆的な啓蒙があったと考えている。一八世紀の末になると、急進派非国教徒プライスやプリーストリを批判したウィッグ保守派の政治経済論者タッカーや、歴史家ギボンが登場する。バークも含めて彼らはポーコックのように「保守的啓蒙」として捉えるべきであろう。啓蒙思想家には、急進派も保守派もあるが、彼らは程度差こそあれ「人権」の理念、「自由と平等」の理念をもっていた。まったき自由と平等はもとよりユートピアであり、実現できないとしても、理念としてはその方向をめざしたのが啓蒙である。その手段もまた多様で、急進的な革命を求めるものもあれば、穏健な改革をよしとするものもあった。いずれにせよ啓蒙は、政治と体制、宗教と思想、社会と精神のいわば「アンシァン・レジーム」の克服をめざした。

啓蒙研究を進めるなかで、とくに啓蒙と共和主義の関係にわたしの関心はひきつけられた。わたしが関心を深めたのはポーコックの「シヴィック・ヒューマニズム」としての共和主義である。アリストテレス以来、政治主体の力量を問わないたんなる政体論としての共和主義などはそもそもありえない。公共的自由を求める共和主義は、卓越した徳なしには成り立たず、両者は相関的であるが、そのことはモンテスキューが明確につかんでいた。近代人には古代人のような徳がないから共和主義は不可能だと考えた思想家も多い。さらにポーコックが明らかにしたように、自由な活動的生活としての共和主義の担い手たる参加的・能動的市民が有徳であるためには、物質的基盤としての土地（安定）と自弁による武装（民兵）が必要とされた。この共和主義が、ルネサンスのイタリアにおいて、また

一七、一八世紀のイングランドとスコットランド、さらにはアメリカ植民地などで支持されたのは、自立した主体の自由な政治文化の伝統が継承されたからにほかならない。ヨーロッパ大陸における共和主義も長い歴史があるはずだが、まだ研究が始まったばかりである。

この伝統にとっては、もとより専制政治や独裁は対立物であって、共和主義とは暴政を防止しようとする自立した有徳な市民の政治社会思想であった。祖国の自由を守るという祖国愛は共和主義に関係がある。それは排他的なナショナリズム（民族主義）とは異なる。共和主義は市民が徳を失ったときには自由は失われると考えたから、権力の集中（寡頭制化）と同じく、政治社会の商業社会化も危機を意味した。共和主義者にとっては、絶対君主政と同じく、商業が政治と癒着して生まれる金権腐敗政治と、万事貨幣（カネ）次第とみなすブルジョア的な価値観は否定されなければならない。こうして、一八世紀前半の大ブリテンでは、激しい奢侈論争が展開され、共和主義的なカントリ派（野党）によって統治階級の金権腐敗政治と帝国への野望を抱いた「財政軍事国家」（ブリュア）が激しく批判されるにいたる。しかしながら、そこでは、政治社会から商業社会への社会の変容は、一八世紀中葉以降にはますます明白になりつつあった――「消費社会論」、「農業資本主義論」、「ジェントルマン的資本主義論」、「海洋帝国論」などが近年次々と提唱されてきた――し、不可避であった。共和主義と商業社会の間に生じた軋轢を解決する道は「有徳な商業」の発見に求められた。

3 「ポリティカル・エコノミー」の成立

新たに生まれつつある「商業社会」とはどのような社会であるか。商業は歴史とともに古く、しかも卑しめられてきた営みでさえあるにもかかわらず、それがこの時代になって社会全体に広がりつつあるのはなぜか。それは文明の堕落なのか。人間の堕落なのか。徳はどうなるのか。古来の商業と、この時代の商業は異なるのか。どう異なるのか。なぜ商業社会化が不可避であるのか。商業社会における政治はどうなるのか。こうした疑問は、共和主義者ならずとも、この時代の啓蒙哲学者が共通に直面した疑問である。商業社会を把握するためには、もはや政治学や法学では不十分で、新しい概念をもった体系、すなわち「ポリティカル・エコノミー」(ポリスの生命秩序学→経済学)が形成されなければならなかった。市場と分業の概念が生まれ、富の生成と配分の原理が究明され、生活の豊かさが焦点となる。古来の共同体間の商業ではなく、共同体自体の商業社会化が新しい現実であった。これは汎ヨーロッパ的な傾向であったが、とりわけ大ブリテンが先んじていた。

一七世紀末頃から一八世紀にかけて、イングランド、スコットランド、アイルランド、フランス、イタリアなどにおいて、商業社会の内実を把握するための個別的で先駆的な試論が積み重ねられた。商業は利己的欲望の追求を一面では特徴とするが、さまざまな物質的必要を満たし、社会を豊かにする効用もあることが認識されるにはあまり時間は要しなかった（フレッチャー、マンデヴィル、デフォーなど）。しかし、欲望には歯止めが必要であった（ハチスンなど）。権力支配をめざす商業ではなく、温和な商業（モンテスキュー）が求められた。農工分業の進展、国内市場の拡大、貨幣経済の浸透、諸階級の商人化傾向の増加などは政治社会から商業社会への社会の変容の諸側面であったが、そうした諸側面が漸次認識され、貧困から富裕へのマクロな移行が発見されるようになる。労働の生産性という概念が創出される。勤労を旨とする商業は習俗も変革するが、「勤労・知識・人間愛」（ヒューム『政治論集』一七五二年）が商業文明の特徴となるためには、人文学や科学の普及・大衆化が必要であり、それは啓蒙の課題となった。宗教も寛容のみならず穏健化が求められた。公論、大学、出版、図書館などの啓蒙の文化装置と商業文明を結びつけたのは、実践すなわち「活動」であり、その思想は共和主義が提供した。すなわち、節度をもった商業社会を生み出すためには、共和主義が批判者として、対抗する価値として存在しなければならなかったのである。

共和主義は一八世紀のイングランドでは自由主義の批判理論にとどまるものではなく、むしろ公論をリードした主要な言説であった。前述のように、共和主義は、いまや登場しつつあった財政軍事国家と結びついた商業社会にたいして、批判的な見解を繰り広げた。政治経済の癒着が支配的な趨勢であったのにたいして、公論は圧倒的に共和主義的な枠組みで論争を展開した。プロテスタンティズムは禁欲によって資本蓄積を可能にしたが、資本蓄積は資本主義の精神を生み出したから、プロテスタンティズムは獲得的、欲望資本主義の歯止めとはなり得なかった。ストア的な自然法思想（それはプロテスタンティズムと相互に浸透し合っていた）もまた規範的制約と規律によって自由と欲望を抑制したが、それは内面の規範としてであって、行為の規制は法律と権力によるほかなかった。世俗化はキリスト教の拘束を緩め、自然法の自然法則化を促進した。共和主義も、資本主義、市場経済の対抗価値となるためには、思想家たちによる公論の展開を必要としたのである。「ポリティカル・エコノミー」は、商業社会という新しい現実を把握するための、伝統理論を革新して生まれた新しい総合命題であった。道徳哲学、政治学と法学が経験的社会分析と出会って、「経済学」という新しい社会理論を形成した。

自由主義、資本主義、個人主義は利己的な欲望（セルフ・ラヴ、セルフ・インタレスト）を解放し、肯定する思想であり、競争的市場経済を求めるが、法の支配による規制がなければ、成功を求めてつねに独占、専制、腐敗を生み出す傾向がある。それは「良く生きる」ことには必ずしもつながらない。利己的個人の内部に、利己心の暴走を規制する原理があれば、法の規制は最小でよい。スミスによれば、人間には他人の感情を直感的に了解できる「同感」（シンパシー）が備わっている。人間は想像力による立場の交換のメカニズム（他人の立場から考えられる能力）によって「公平な観察者」（インパーシャル・スペクテイター）となりうるから、自分の暴走を規制することができる。他人の目から見ても是認できることが行為の適宜性であり、それが正義なのだ。他人を侵害しないという正義を守ることはさほど努力を要しない。だから正義は消極的な徳なのである。したがって、人生において、公正な競争やフェア・プレイが可能となる。だからこそ、権力による畏怖がなくとも、社会のなかで人間は自由に行動しうるのだと主張した。

したがって、自由競争や個人主義は正義と公正という徳性をおのずともたらすというのが、アダム・スミスの一般理論である。なぜなら詐欺的行為のない自由な競争こそ公正であり、公正としての正義への信頼こそ各人の成功を最大限可能にするからである。こうして、スミスの『国富論』（一七七六年）において、古代の政治的動物は近代の経済人に転化した。徳、すなわち公共精神は利己心に取って替わられた。しかし、その転換には『道徳感情論』（一七五九年）の「同感によって利己心を制御する人間」という前提があったことを今日のスミス研究者は強調している。

自由な社会をもたらす商業の価値を大胆に認めたヒュームは、政治を論じて、なお公共のために法や政治の枠組み（インフラストラクチュア）を創出する「為政者の役割」を高く評価していた。その認識では共通ながら、スミスは『国富論』で公共に貢献すると公言して行動する人間ほど私利私欲を追求するものだ、とシニカルに述べた。個人を最大限に自由にし、権力が介入しないのがよい。なぜなら、個人は自分の関心事に関しては、他人以上に事情によく通じているから、他人が介入する余地はないのである。しかも利己的個人の利己的行為は、市場に媒介されて、最善の結果を生み出すであろう。スミスは市場のメカニズムに意図せざる結果の論理を読み取る。市場に登場する商人はみずからの利益の最大化をめざすが、最大の利益を受け取ることはない。平均利潤を得るにすぎない。そうした自然率を生み出すことが競争の結果である。

利己的個人は、私利の最大化をめざすなら、独占やカルテルを選ぶであろう。実際に商人や製造業者は結託してみずからの産業を国に富をもたらす「国民的産業」だと宣伝して政府に保護を求め、みずからの階級的利益を追求してきた、とスミスは指摘する。それが重商主義政策（保護と規制）であって、それは自然で効率的かつ合理的な資源配分を歪め、消費者としての国民に自然な市場価格より高く商品を買わせることになり、国民大衆の損失を招く。こうしてスミスは国民大衆の立場から重商主義政策（規制）を批判した。スミスは結託や癒着、後見（パターナリズム）や介入、為政者の恣意と裁量を徹底的に退けた。

スミスにおける政治的・公共的な人間から経済人・利己的個人への人間像の転換を、堕落と見るか進歩と見るかは、観点の違いにすぎないかもしれない。なぜなら、公共を優先する社会・文化のあり方（古代的、公共的自由）と私生活を優先する社会・文化のあり方（近代的、個人主義的自由）の優劣は決めがたいからである。しかし、どちらの観点に立とうと、公正や正義、徳と自由が否定されてよいということにはならない。スミス自身もその点は明確であった。しかも、物質的な豊かさの望ましさをスミスは重視していた。富と徳のある社会をスミスは展望していた。正義が守られさえすれば社会は成立するであろう。しかし、他人を思いやる徳があれば、その社会はもっとよい社会になるだろう。さらに市民的為政者が能動的に重商主義と腐敗政治の廃絶のために活動すれば、自然的自由に近づくであろう。それが自由のある社会である。スミスは懐疑的ウィッグであり、個人主義者であるとともに、共和主義者でもあった。

4　啓蒙における改革

理論と現実は異なる。自由競争は各人のスタートラインが異なるかぎり、公正としての正義さえも必ずしも保証しない。理論的に平等な個人は、理論的に平等な条件のもとでの自由競争によって最高の結果、最大多数の最大幸福をもたらすことが推論によって帰結するかもしれない。しかし、平等な個人はフィクションであり、平等な条件のもとでの自由競争もフィクションであるほかない。スミスは理想の社会として「自然的自由」の概念を語った。しかし、それが実現するためには機会均等、条件の平等があること、しかも「利己的個人」が暴走するのではなく、公正な競争のルールを守るという社会性を習得していることが前提である。スミスは、その十全な実現はユートピアだろうと思っていた。しかし、その方向に向かって社会を変革することが望ましいとしたスミスは、そのような改革をジェントリ政治家に期待していた。

スミスはスコットランド啓蒙の頂点に立つ思想家であった。スミスの育ったスコットランド啓蒙の先行世代にとっては、スコットランドの政治、経済、文化の改革が課題であり、啓蒙思想家はイングランドに追いつくことをめざした。しかし、イングランドの腐敗政治の轍を踏まないことは困難であった。実際に、合邦（一七〇七年）以後も権力をめぐる党派争いは絶えず、大学も教会も権力者の恩顧によって人事を進めた。一七二〇年代に改革精神の旺盛な第三代アーガイル公爵がスコットランドの権力を握った。それは啓蒙知識人にとって、またおそらくスコットランドにとっても幸運であった。啓蒙の知識は武器となった。愛国者フレッチャーの甥ミルトン卿は、アーガイルの部下として、ケイムズなどの啓蒙思想家を登用しさまざまな改革を進めた。ケイムズは、スミスにエディンバラ講義を行なうチャンスを与えた。ケイムズは法曹として、為政者として、またジェントリとして、限嗣相続制度の廃止やハイランド改革、農業改良や産業振興などに率先して取り組んだ。守旧的なスコットランド教会の正統派に対抗する穏健派を保護し育成したアーガイル派の支配は、因習的な長老派の正統派＝民衆派などから腐敗として攻撃を受けたが、しかし彼らの支配のおかげで啓蒙思想家が輩出できた。スミスはそうした啓蒙の改革の継承者であり、経済学を体系化するとともに、ジョン・ミラーをはじめとする多数の知識人と政治家などを育てたのである。

スミスの直接の師であったハチスンは、シャーフツベリ（イングランドのウィッグ貴族思想家）とモールズワース（アイルランドの改革者でコモンウェルスマン＝共和主義者）の影響を受け、マンデヴィルの欲望個人主義を批判した。マンデヴィルはオランダの自由思想をイングランドにもち込んだ。イングランドの初期啓蒙において、というよりむしろオーガスタン時代（文学史で文運隆盛のアン女王時代を言うが、いまではポーコックによって一八世紀の前半に拡張された）にあって、ブルジョア的な思想家マンデヴィルはストア的貴族的な洗練と美と徳の思想家シャーフツベリと両極にあった。両者は対抗し共存する異なる価値のシンボルであった。啓蒙の時代の大ブリテンの自由は多数の価値の共存と対抗を可能にし、文明社会の繁栄と矛盾を生み出していた。そしてマンデヴィルとハチスンを総合することが、スミス道徳哲学の課題であった。

啓蒙思想家スミスにとって改革とはなにか。それは「富裕な社会」を実現するために、政府の行なっている重商主義政策、保護と規制の廃止であった。スミスは社会の諸階級、諸集団の利害の対立に鋭い分析を行ない、階級闘争まで見つめていた。ローマ帝国衰亡以降の歴史を分析して、暴政を行なった封建貴族が奢侈的商業のもたらす豪奢な生活に溺れて没落し、下層階級がその支配から解放されたことに注目して、それを意図せざる結果として指摘したスミスは、長期的には諸個人や諸階級などの意図を超えて社会の改革＝進歩が実現してきたのがローマ帝国没落後のヨーロッパの歴史であるという歴史認識を示した。スミスは自由保有地統治（平等）から、封建的統治（位階制）、そして商業的統治（平等）へと進んだと見ている。スミスは、人間社会が自動的に進歩するとか、いっさいの政策的な短期的改革が不要であると主張したわけではないが、商業のもつ変革力、商業が自由をもたらすその浸透力に期待する度合いが高かったことも確かである。多くのスコットランド啓蒙思想家のなかで、ヒュームとスミスは立法者のカリスマに期待する程度が少なかった。フォーブズの言うように彼らは「懐疑的ウィッグ主義」に立っていた。にもかかわらず、彼らは市民的自由の価値を共有し、共和主義的な世界を求めた。

5　社交性とはなにか

スミスのように長期的視野で啓蒙の時代を含む近代をもう一度、振り返ってみよう。近代社会は個人主義、自由主義の社会である。しかし、公共はさまざまな形態と次元において存在するし、社交世界は人間存在にとって欠くことのできない世界である。各種の社交が存在する。外交、政治も社交なら、経済も文化も社交を伴う。大学のような場での社交もあれば、サロンやクラブ、教会のような場での社交も存在する。戦場にも社交が存在しうる。社交は敵を友に転化させることもある。社交の広がりこそ異文化間の敵意の解消を可能にする。わたしは二一世紀のキーワードは公共精神（共和主義的徳）とともに社交性ではないだろうかとひそかに思っていて、その思いをモチーフとして研究を進めているのだが、こうした社交世界の広がりが文明社会であり、市民社会である。文芸共和国が国家を超えるのは当然である。啓蒙思想家は、社交の重要性を自身の社交を通じて認識するとともに、アリストテレス、プーフェンドルフ、シャーフツベリなどのテクストから摘出することができた。近代のキーワードはこうして「ソーシャビリティ」となる。商業は「平和な産業」と呼ばれ称賛されるにいたる。そのプロセスは次のように素描してよいだろう。

一七世紀中葉、内乱時代の社会哲学であったホッブズの『リヴァイアサン』（一六五一年）を論難したプーフェンドルフの『自然法と万民法』（一六七二年）は、社交性の哲学である。それは一六四八年に始まる勢力均衡の時代、ウェストファリア体制の国際関係を反映した著作であり、ロックも為政者階級（ジェントルマン）が読むべきものとしていた。ヨーロッパを荒廃に帰した宗教戦争は、もうこりごりである。平和と友好の社会を創ろう。カトリックでまとまることができなかったヨーロッパは、勢力均衡の思想によって秩序の再建をめざした。こうして、宗教改革に始まる戦乱は一七世紀の後半になってようやく終息に向かった。拡大する共和国の道も否定された。しかし、権力欲の新しい形である国家理性は新世界に関心を向けていく。異文化との出会いがますます重要になっていく。異文化とどう出会うか。その出会い方は重要であった。平和と友好を説く社交性の哲学は異文化との出会いで試されたのである。

啓蒙思想家は、「人間は社会に生まれる」と『法の精神』（一七四八年）においてモンテスキューが明言したように、人間の社会性を自明の前提とした。人間が自愛心をもつのが自然なように、自らの祖国（パトリア）、郷国（カントリ）への愛着をもつのも自然である。しかし、祖国という観念は共和主義と結びついた。マキァヴェッリが重視したように、隷属下で生きるのではなく、自由のなかで市民として、そして祖先から伝えられた自らの伝統と習慣のなかで暮らすのでなければ、人は祖国に愛着をもてないであろう。専制政治のもとには祖国はない。自分を大切にしないものが他人を大切にできないように、祖国に愛着をもてない人間は、異邦人の国への尊重の念ももてないであろう。みずからが属する公共空間がどのようなものであるかによって、人の性格はさまざまに形成されるであろう。経験は啓蒙思想家に自由な社交世界、豊かな文化をもつことの重要性を教えつつあった。ヴォルテールがフランスに比して寛容で議会政治をもつイングランドで見たものは、多様な選択を可能とする自由であった。

自愛心と社交性の哲学であるプーフェンドルフの『人間と市民の法』(一六七三年)もよく読まれ、一八世紀の道徳哲学の源泉となった。スコットランドではカーマイケルからハチスンを経て、スミスの道徳哲学に受け継がれた。祖国への愛着は共和主義が伝えた。自然法は権利と義務の言葉で、公共性(人間と市民、キリスト教徒としての義務)を形成しようとした。共和主義は自由と徳の言語で公共性(自由な祖国)の維持を語った。自愛、社交(友好)、祖国への愛着、そして国際平和は啓蒙思想家が唱導したものであるけれども、啓蒙の時代はいまだ大きな格差のある位階制社会であった。そこでは一部の人間しか市民でなく、社交の主体となれなかった。しかし、重要なことに、身分制社会は崩れつつあった。

啓蒙の社会哲学は、一方で身分や階級を問わず、人間を市民と見なす言説を展開した。人間と市民の権利と義務を教える学問は、現実の市民社会のなかで社交性と自由を形成する基礎となり、行動原理としての徳は共和主義が教えた。啓蒙は富の学問である経済学に出会ったが、そのことは決定的に重要である。社会は理念だけではよくならない。圧倒的多数を成す下層階級を排除した市民社会はもはや時代遅れである。共和主義は商業と出会うことによって開かれた公共性の理論となる。彼らが商業によって豊かになり、言論文化に接して知性を磨き、社交的＝社会的主体となるとき、市民社会は下層階級にも開かれた自由な公共空間として繁栄するであろう。そうなれば、よい経験が生まれ、社交の力が発揮されるであろう。商業社会が可能にする諸階級の交流は、社交文化の、公共性と社会性の形成に大きな意義をもっていた。ヒュームやスミスが商業を自由と結びつけたのは、共和主義と自然法思想の新しい次元の到来を意味した。啓蒙が実力を発揮するためには経済学的認識が必須であった。こうして商業ヒューマニズムとして経済学が成立した。それは自然法と共和主義のある種の総合命題であり結実であるとわたしは解釈している。

6　公平な観察者と利己心の制御

日々繰り返される無数の人々の出会いのなかで、利己的個人は他人もまた利己的であり、自分への愛着は他人ももっているという相互性を認識する。人間は知性によって他人を理解するだけではなく、他人の感情が直接にわかる。それをスミスは「シンパシー」（同感）と名づける。他人が喜んでいる姿を見れば、その事実をすぐに感じる。悲しんでいても同じである。そこから喜びや悲しみの原因を理解することは知性の仕事である。そこでは経験もまた役に立つ。こうした同じ人間であるという認識からは同胞感情も生まれてくる。こうした経験を通じて、人は客観的に他人を理解し、自分をも公平に眺める視点を身につけるようになる。スミスは『道徳感情論』でそれを「公平な観察者」という言葉で語った。

「公平な観察者」の概念は決定的に重要である。それが人間の内部に形成されれば、利己的人間も自分の利己性を客観的に、公平に理解できるからである。それは自他の過剰な利己性を否定する原理になる。自分の過剰な利己性までも否定できる原理であるということが重要である。同胞愛はこうして客観的基準を得る。社交的存在としての人間の原理はこうして完成された。このような人間は裁判官になることも可能である。

老年を迎えたとき(『道徳感情論』第六版、一七九〇年が示すように)、スミスは貧富の格差が「道徳感情の腐敗」をもたらすと考えるようになった。格差の大きい階級社会では、貧者は自らの貧困を自らの能力の不足の結果と思うとともに、恥ずかしく思い、富者におもねる傾向がある一方、成功した富者は自らの境遇を幸運によるというより実力の結果であると自惚れる。ここに文明社会の堕落がある。スミスは、このような道徳感情の腐敗を強く戒め、人は実際に「称賛に値する」人間になるように努力すべきだと説いた。他方スミスは、商業社会における自由競争によって社会が平等化する可能性を予測し、その方向に進むことに期待をもつことができた。

利他的存在として人間を表象できれば、社会の繁栄はたやすく期待できる。しかし、現在にいたるまで、それぞれの人間においては利己心が優位するという命題のほうが支持されているようだ。しかし、スミスが教えるように、「活動的存在」である人間はまず利己的存在であったとしても、「思考する存在」として同胞や外界への同感をもち、公平な観察者の目をもつことができるから、社交性とヒューマニティを育てることができる。人間は、社交世界のなかで、いっそう世間に通じたいっそう公平な観察者に成長できるであろうし、社会や世界の繁栄も危機もますます理解するようになるであろう。公平な観察者の目が社会や外界に向くとき、個人は改革と行動を求めるであろう。

しかし、「活力をもって生きる」という内実が、利己心の発動とその規制によってしか語れないことが、このような人間観の限界かもしれない。すなわち、利己心の哲学は、ある種（それをブルジョア的と呼ぶべきか）の偏向が否めないということである。『人間の条件』（一九五八年）におけるハンナ・アレントのような、「利己的存在」でない「公共的存在」としての人間への関心と憧憬が生まれるのは、ここにおいてである。

けれども、社会のなかで人間は個別に生誕し、個人として生きるほかにない。家族、地域、さまざまな集団に関係しつつ社交的存在、社会的存在として生きるとしても、個人は自由にみずからの望むように生きることを求める。公共的存在であることと個人であることが共存しているのが人間である。利己的個人は公共的個人でもある。

啓蒙の時代以後、利己的個人が「公平な観察者」の目を失った時代もあったかもしれない。排外的なナショナリズムや帝国主義的支配は、しばしば正義の名のもとに生まれる。優劣の思想もまた牢固として存在している。しかし、社交性の思想は顧みる意義があるし、公平な観察者の目をもった利己的個人の思想も、公共的市民の思想としての共和主義も、啓蒙思想が現代に伝えてくれた貴重な遺産である。ロールズの『正義論』（一九七一年）のような、あまりにも緻密な論理は、実践には必ずしも役立たない。啓蒙の遺産はいまだ参照するに値するし、忘却してしまわないように繰り返し掘り起こし、いっそう深く究明し、いまの時代の人びとに示すとともに、次の時代に伝えていく思想史家の役割がある。

第7章　自己愛の時代の始まり――スミスとルソーの自己愛論

現代を「自己愛の時代」として把握することは、かなりの妥当性があるように思われる。日本はとくにそうで、手前勝手な主張と行動がいまほど目立つ時代はなかったのではないか。自由の拡大は欲望の解放を可能にする。人権が擁護され、差別や抑圧が弾劾され、職場でもどこでも問題発言はハラスメント（いじめ）としてただちに告発される。しかしまた冤罪もしばしば発生する。自己愛はしばしば歯止めなく膨張し、自己中心的な行動となって現われ、他人を見境いなく襲う凶行も起こる。現代は無責任の時代でもある。動機なき犯罪も多いから、すべてを自己愛に発する病理現象とのみ断定することはできない。

失われた二〇年と言われるように、経済が不調で、失業者や不定期・非正規就業者が増加し、格差が広がり、欲求不満やストレスに苛まれている人びとも多い。社会に閉塞感が漂って久しい。若者が職業などにおいて恵まれない時代となってきたことは、自己愛を超えて自暴自棄の傾向さえ生んでいる。欲望がますます放任され、高級文化が嫌われ、サブカルチャーが繁栄し、情報社会化によって意思疎通までがゲーム化し、違法薬物も広がっている。

自己愛の時代というのは、自由な社会の実現に伴っておとずれたものにほかならないが、社交性、公共性へと個人が開かれないことの帰結でもある。社交的、公共的個人――本来の市民――をいかにして形成するかが問われているのではないだろうか。わが国は、娯楽スポーツこそ盛んであるが、開かれた社交空間、社交文化が十分に成立していない国である。博物館や美術館も全般的に人気がなく、維持が困難である。公共の図書館も貧弱で、公園も少ないが、公園の芝生も十分ではない。遊歩道は少なく、狭く汚い。水辺の整備もお粗末で、あらゆる街路に自動車が入り込み、景観は電柱と電線で最悪である。景観条例を定めて規制を厳しくしてはどうか。美しい寺院は拝観料を徴収するから、収入の少ない人々は敬遠する。日常の散歩ルートには入らない。こうして経済大国日本は文化貧国となる。

情報はインターネットで簡単に手に入る。人々が内向きとなり、自己愛の世界に引きこもる傾向が見られるのは、何もかも自由になったこの時代の当然の帰結であろう。しかし、自己愛への傾斜はいまに始まった問題ではない。それは個人主義、自由主義の帰結である。

いま述べたように、自己愛とは個人主義、自由主義の帰結ないし原理である。利己心と言い換えてもよい。利己心の問題は一八世紀ヨーロッパの啓蒙知識人にとって最大の問題であった。その代表的な論者はスミスとルソーである。二人の見解は違っているようで、実は深く交錯してもいる。当時、現代社会を先取りした世俗的な文明社会、自己愛が解放された社会、商業と自由、奢侈の文化が生まれていた。したがって、清貧を説いたキリスト教的伝統と対立する奢侈の文化を倫理的にどう評価すべきかが焦眉の思想的課題となっていた。

スミスは経済学の古典『国富論』(一七七六年)の著者として、ルソーは『社会契約論』(一七六二年)と『エミール』(一七六二年)の著者として一般に知られているであろう。スミスには『道徳感情論』(一七五九年)という倫理学書があることも、いまではよく知られているかもしれない。スミス(一七二三―九〇年)はスコットランドに生まれ、主に当地で大学教授、思想家として活動した。ひとまわり先輩のルソー(一七一二―七八年)はジュネーヴ共和国に生まれたが、フランスに活動の拠点を求めた。二人は文明の頂点に立っていた国の周縁に生まれ、未開・野蛮と文明・洗練を比較しながら、イングランドとフランスを頂点とする文明社会の分析を行なったのである。いまから二五〇年ほど昔に活動の頂点をもつ二人であるから、現代の自己愛を考える素材として参照するのは古すぎるとの見解もありうるだろう。しかし、人間本性なるものが不変だとすれば、人間と社会について根源的な次元にまで分析を深め、文明について交差する診断をした二人の見解を顧みる意義はあるだろう。そこには現代に繰り返し再演されている文明論がある。

人間は神の被造物であり、不変の本性(Nature)を与えられているというのが、啓蒙の時代(まで)の思想家たちの一致した見解であった。しかし、本性をどう解釈するかについてはさまざまな見解があった。楽観的な見解も悲観的な見解もあった。人間を同胞愛にあふれた天使的存在とみなす見解も、他人を平然と食い物にする狼的存在とみなす見解も、古代ギリシア以来、対立しながら受け継がれてきた。

ルネサンスは人間を賛美するヒューマニズム（人文学）を生み出した。それは人間の欲望を否定し、人間の罪深さを咎めたキリスト教中世にたいする反動であった。地中海貿易で繁栄したイタリアの商業都市の富は世俗的な活動を可能にし、その基盤の上に学問芸術の華が咲いた。アルベルティ、マキァヴェッリ、レオナルド、ミケランジェロたち。しかし、古典復興としてのヒューマニズムはそこでとどまることなく、制度化され腐敗を深めていたキリスト教の改革を求めるルターやカルヴァンなどの宗教改革を生み出し、やがて宗教戦争へと展開する。こうして根源的な社会の危機が訪れる。

一七世紀のヨーロッパは危機の時代であった。人びとは党派（宗派）対立、疫病と戦役に苦しんだ。乱世のなかで自己を見つめる近代的個人が生まれつつあった。人間本性の腐敗・堕落が鋭く意識された。アウグスティヌスの原罪の教義が改めて人びとを捉えた。自己愛に溺れることは忌むべきことである、そして原罪によって人間本性に刻印された自己愛を正視し、その衝動を抑制することが正しい振舞いかたであるとされた。規律が価値となったのである。一七世紀の哲学者は多かれ少なかれ自然法思想家である。自然法とは実定法や慣習に先行し、それらを貫いて存在する法で、それは自然＝本性のなかに神が刻印した規範であり、神の命令だという思想である。それは良心としても語られた。

ホッブズ、グロティウス、プーフェンドルフなどが説いた自然法は、自然界を貫く外在的秩序でもあったが、人間の本性に関しては、不正と邪悪を生み出す原因となる自己愛に発する情念をいかに統制するかを重視した。いかにして、悪しき情念である「自惚れ」「傲慢」「利己心」を克服し、良き情念である「正義」「公平」、「人間愛」「仁愛」あるいは「隣人愛」や「友愛」を育んで、平和で安全な社会を構築することができるか。彼らは秩序を維持するために、自然法による情念統制にとどまらず、権力による矯正と処罰も説いた。社会契約の概念を援用して同意による国家設立を主張したのはそのためである。

こうした自然法思想家の主題と解法を、一八世紀の啓蒙思想家、スミスやルソー、あるいはモンテスキュー、ヒューム、やカントも批判的に継承し、発展させる。

自己愛に注目したルソーとスミスは、文明は進歩するが、堕落する側面もあるという認識を共有しながらも、強調点を異にした。人類の歴史を振り返って、ルソーは進歩以上に堕落を強調し、スミスは逆に堕落以上に進歩を強調した。文明は二人を魅了していた。二人は文明の先進国フランスのパリに憧れ、パリをめざした。ルソーはジュネーヴから奔放な旅をしてパリに辿りつく。スミスは一〇年あまり務めたグラスゴウ大学教授職を辞して、バックルー侯爵に随行してグランド・ツアに出る。

スミスはフランスに渡る数年前の一七五九年に、講義をもとにした『道徳感情論』を出版していた。それは道徳を感情に基礎づける試みであり、利己心と同感に注目して、個人の内面における道徳の成立を同感による利己心の統制のメカニズムの成立として把握するものであった。人間は利己的な存在であるが、自己愛だけではなく、他人への関心――同感、シンパシー――をもっており、自己愛に溺れて、反社会的な行動を起こすことにたいして歯止めがかかるように造られている――ただし、そのメカニズムは社会のなかで経験的に顕在化する――というのがスミスの見解である。犯罪はその破綻を意味するが、それは例外的である。

スミスは個人の行為の善悪、是非を傍観者の同感との関係で考察する。傍観者が是認するか否認するかで行為者の「行為の適宜性」が決まると言うのである。これは自己愛の否定ではなく、自己愛が歯止めをなくして、「見知らぬ他人の同感」、「公平な観察者の同感」を得られなくなる場合の否定を意味する。スミスによれば、こういう心理的な機制によって、行為の基準が漸次、行為者の内面に形成されるのである。フーコーなら、規律権力の完成と言うであろう。いずれにせよ、スミスにおいては赤の他人の「同感」が決定的に重要である。

ルソーは道徳を同胞愛としての憐れみ（ピチエ）に関連づけた。ルソーはディドロたちとの交友のなかで構想した『人間不平等起原論』を一七五五年に世に問うた。爛熟した宮廷文化、絢爛たるブルジョワ文化に直面したルソーは、文明の発展によって人間の根源的な感情――無垢の自己愛（アムール・ドゥ・スワ）と同胞愛（ピチエ）――は歪められ、堕落させられると感知した。モンテスキューが小共和国の原理として提示した平等な市民の徳、祖国愛、公共精神をかけがえのない価値として擁護する共和主義の伝統が、フランスでは失われている。文明の発展は、富や技術、学問の発展でもあれば、階級差別、支配と抑圧の拡大でもある。文明は腐敗を伴う。貧富の格差が発生している文明社会では、人間の関心は所有や権力、奢侈に移ってしまい、もはや同胞愛はない。自己愛は自分のものへの愛（アムール・プロプル）に変容する。

野蛮な荒野から出発した人間は、さまざまな努力のすえに文明の恩恵にあずかるようになるとしても、腐敗に染まってしまう。こうして未開は高貴で、文明は野蛮であるという逆説をルソーは提出する。この見解の正否をスミスは検討しなければならないと考えた。三〇歳を過ぎたばかりのスミスは、有名な「エディンバラ評論の編集者への手紙」（一七五六年）のなかで、マンデヴィルをプラトン風に純化したのがルソーであると決めつけた。『起源論』を注意深く読めば、マンデヴィルの『蜂の寓話』の第二巻にルソーの思想の源泉があることがわかる。ただしルソーはマンデヴィルの諸原理を和らげ、改善し、美化している。

「マンデヴィル博士は人類の原始状態を、想像できる最も惨めで悲惨なものとして描いているが、ルソー氏は、反対に、それを最も幸福で人間の本性に最も適したものとして描いている。」

しかし、原始状態＝自然状態をこのように対蹠的に描写しながらも、二人には共通点もある。二人は、人間には社会を求める「強力な本能」があるとはしていない。マンデヴィルは原始状態の悲惨さが人間に社会を求めさせたとしており、ルソーは不運な出来事が介在して「野心」という不自然な情念、「優越性」を求める空しい欲求を生み出させ、その結果、社会が発生したとしており、社会の成立を外在的な原因に求めている。そして二人は、人間を社会的な存在にする才能、習慣、技術の進歩、段階的発展を想定しており、またその進歩の叙述もよく似ている。

「両者によれば、人類の間で現在の不平等を維持している正義の諸法は、もともと、狡猾な人びとと強力な人びとが、彼ら以外の同胞に対して不自然で不正な優越性を維持したり、獲得したりするための発明物であった。」

このようにスミスは二人の類似点を把握しながら、マンデヴィルが存在しないとした「徳性」のすべてをルソーは愛すべき「憐憫」（ピチエ）から引き出している、と指摘する。

ルソーの自己愛論で魅力的なのは、それが堕落もすれば、社会契約あるいは同胞との連帯によって、再び純化され、高められもするという思想である。それは古来の転変、循環の思想の再興でもある。若いスミスは、魅力を感じつつも、ルソーの進歩と堕落の議論を結局は雄弁、レトリックにすぎないと見なした。しかしながら、ルソーが『社会契約論』で描いた社会契約による感情と自己愛の高揚、革命、一般意志を体現した公共心の獲得という理論は、スミスの社会・文明の漸次的進歩の理論の圧縮版と見なすことも可能である。

ルソーは『不平等起源論』で、文明の誕生を財産の発生と結びつけ、自己愛が利己心＝所有物への愛に堕落すると説いた。無垢な自己愛＝自愛心が欲望の肥大、権力欲によって「私的所有」「私有財産」への欲望に変貌するという、外在的だが歴史必然的な展開をルソーは文明史から抽出した。それは人間本性の堕落であった。

スミスはルソーが見たような堕落を認めなかったわけではない。スミスも人間の権力欲が人間性を堕落させると喝破していた。商業が発展した文明社会の繁栄が自己愛を可能にするが、文明発展の原理である分業が人々を無知にし、愚鈍にもする。下層階級は上流階級を羨望する。貴顕や富者の成功を能力の結果と錯覚し、偶然の結果にすぎないことを知らない。上流は自惚れ、傲慢になり、下層民は貴顕におもねり、自己卑下をする。そこに道徳感情の腐敗があるとスミスは言う。

スミスは『国富論』において勤労、すなわち分業と協業による富の生産と消費、経済発展の論理を解明した。彼は生活必需品だけでなく、便宜品なども潤沢に享受できる発展した文明社会が成立する筋道を提示した。大衆が幸福に生きるためには基本的な欲求を満たさねばならない。人間にはみずからの境遇を改善しようとする心性、改善性向がある。自己愛（セルフ・ラヴ）は人間の行動の最大の動機であるが、それは改善性向を伴っている。分業は利己心の追求を可能にする。商業社会は個人が欲望を追求すれば公共の繁栄に寄与するというメカニズムを備えている。市場経済では規制なき自由が最も望ましい。大衆の豊かな消費生活を可能にする社会が分業の進んだ商業社会であり文明社会である。

それでは、自己愛の商業社会はルソーの言うように徳なき社会であろうか。スミスは、基本的に商業社会は正義のいきわたる社会であり、人々は勤勉となり、約束を守り、さまざまな徳を身につけると言う。しかし、分業には弊害がある。仕事への専念はしばしば社会への広い関心を奪ってしまう。そのため教育が必要である。人々が正義を守り、徳をもって生きることをスミスは求めた。商業社会、文明社会における富と徳の両立の方途、自己愛と腐敗の対立の克服の道を説くことがスミスの最後の課題であった。司法、軍事、インフラの整備、教育組織や民兵の設立などは為政者の役目である。

啓蒙の世界は洗練された知の世界でもあれば、繊細な感情文化の世界でもあった。スミスもルソーも鋭い感情分析を行なったが、それは彼ら自身の内なる感情が先鋭であることを意味する。パリには賢者ヒュームが公務を兼ねて滞在していた。やがてヒュームはルソーと出会う。二人は同じ世代であった。その個性ゆえにフランスの文壇で孤立し、『エミール』がパリ大学神学部によって禁書とされ、窮地に立ったルソーにヒュームは支援の手を差しのべる。ヒュームはパトロンを通じてルソーに年金を与えようする。しかし、それはルソーの名誉感情をいたく傷つけた。パトロネジは依存であり、ある意味で腐敗である。ヒュームは善意のつもりであったが、二人の友情は激しい憎しみに転じる。二人の自尊心は衝突した。二人の自己愛は友愛へと高められなかった。賢人ヒュームは天才ルソーと空しい喧嘩を余儀なくされ、離れ離れになった。二人の自己愛は歩み寄ることができなかった。啓蒙の時代は失われがちな公共精神を求めた時代であったが、現代と同じく、自己愛が優勢な時代であった。

思想家たちは自律、独立を求めた。しかし、パトロネジは、いまだ多かれ少なかれ必要悪であった。ルソーにしても、ヴァラン夫人など上流階級の恩顧なしには啓蒙の世界に入ることができなかった。スミスもそうで、若きスミスはケイムズ卿やアーガイル侯爵の恩顧によって、エディンバラ講義を行なうチャンスを与えられ、そこで見事に能力を発揮してグラスゴウ大学の教授に就くことができたのであった。二八歳の時のことである。

ヒュームは二八歳で『人間本性論』を世に問う。『人間本性論』はスミスの思想形成にルソーに劣らず大きな影響を与えた。ルソーはハチスンやヒュームなどのスコットランド啓蒙知識人の著作から影響を受けなかった。ルソーはジュネーヴ時代にカルヴィニズムの禁欲的な文化のなかで育ち、マキァヴェッリとモンテスキューから共和主義を学んだ。腐敗の思想は共和主義の系論でもあった。ルソーはスミスが尊敬していたヴォルテールからも影響を受けなかった。ルソーはホッブズを評価しており、社会契約の概念をロックからではなくホッブズから学んだ。ロックの『市民政府論』は大陸でホッブズの『リヴァイアサン』ほどは読まれなかった。ルソーは一般意志の概念をモンテスキューから学んだ。モンテスキューは、自由なイングランド国制を論じてその三権分立が脆弱な均衡であると喝破したが、その国制理解をロックよりもボリングブルックから学んでいた。

スミスはルソーの『起源論』を評価したが、『社会契約論』や『エミール』は評価しなかった。スコットランドでルソーを評価したのは法曹のケイムズ卿とモンボド卿である。彼らは『エミール』を高く評価した。ルソーの「社会契約説」は、イングランドでもスコットランドでも、もはや時代遅れの思想と見なされていた。スミスは法学講義で「原始契約説」をイングランドにしかない奇論だと述べているが、それはルソーの『社会契約論』を無視するものである。

良心や人権に敏感であったスミスは、カラス事件に強い関心を抱いていた。ユグノーが多い都市トゥルーズにおいて、カトリックに改宗した息子の殺害を疑われて、ジャン・カラスは処刑される。しかし冤罪を確信したヴォルテールが名誉回復に取り組み、カラスの名誉は回復される。それがカラス事件であるが、ルソーはこの事件に関心を示さなかった。

愛人との間に生まれた子供を次々に養育院に預けた（それは貧者に認められた習慣であった）ルソーは自己愛の強い人であった。傷つきやすいナイーヴな人間ルソーは現代人の原型かもしれない。晩年のルソーは一人で趣味の散歩にときを過ごす。スミスはカラス事件をきっかけに、良心と世論の関係についての考察を深める。世論が間違うこともあるのではないか。傍観者が公平でない場合もあるのではないか。裁判が間違って冤罪を生み出すとき、犠牲者はどうすればよいのか。そのとき、公平な観察者は外部ではなく犠牲者の内部、胸中に存在するほかになくなる。みずからの内なる公平な観察者が良心となるとき、人は自己を信じて、自己愛を貫いて、冤罪を乗り越えるほかにないであろう。傍観者も努力して公平な知識をもった観察者にならないと正しい世論の担い手にはなれない。人は他人にどう見られるかではなく、真に有徳な人間となることをめざすべきである。それが老境に達したときのスミスの結論である。真の自己愛は有徳であることで完成する。

スミスは一七九〇年まで生きた。フランス革命は人と市民の権利を宣言したが、この個人主義はジャコバン独裁で潰える。個人主義、すなわち自己愛の原理は、その後もナショナリズムや社会主義によってしばしば否定されたが、生き永らえ、いまでは強力な原理となった。人権の思想が護ろうとしているのは自己愛にほかならない。かつては自己愛を否定して慈愛や仁愛を説いたが、現代の課題は自己愛を通じて同胞愛、人類愛を育むことでなければならない。それはどうすれば可能なのか。この困難な問いに関して、自己愛をめぐるスミスとルソーの考察は参照する価値があるだろう。

あとがき

学生時代にマルクスとウェーバーを読むことから学問に親しむようになった筆者は、大学紛争後の季節に大学院に進んだ。修士課程では一七世紀の自然法思想とイギリス革命思想、フランス啓蒙やフランクフルト学派などについていささか性急なまでに学ぼうとしたが、結局、ホッブズで修士論文を書いた。博士課程では一八世紀のエディンバラやグラスゴウを拠点とするスコットランド啓蒙に焦点を絞って研究を進めた。ヒュームとミラーから読み始め、甲南大学に職を得てからは、スミスやケイムズ、ファーガスン、サー・ジョン・ダルリンプルなどへと研究対象を広げていった。それはスコットランドの啓蒙知識人の著作が人間と社会についてのきわめて豊かな思想を含んでいると思えたからであった。その際に、研究の視野を開いてくれ、方法的にも大きなヒントとなったのはケンブリッジ学派の思想史研究であった。

我が国の思想史研究の遺産にも大きな恩恵を受けた（丸山眞男、小林昇、内田義彦、水田洋、佐々木武など）が、とりわけポーコック教授の独創的な仕事に深く震撼された。教授の提唱する「シヴィック・ヒューマニズム」のパラダイムとの出会いである。

筆者は四〇年間、アカデミズムに閉じこもるかのように愚直な仕事に徹してきたものの、研究の進展は順調とはいかなかった。来る日も来る日もテクストと格闘した若い日々、ミラー研究に投入していた日々の苦しみ（もちろん喜びもあった）が思い出される。ミラー研究がいちおうのまとまりとなったのは一九九九年のことで、筆者はすでに五〇歳となっていた（『啓蒙と改革――ジョン・ミラー研究』名古屋大学出版会）。

サルトルの研究者として知られる海老坂武は、ある時期に、ほとんど読まれない専門論文を書くことに飽き足らず、多くの読者に読まれる本を書くことに転じたと語っているが、筆者はいまもなお、相変わらず、ほとんど一般には読まれない専門論文を書いている。それでよいのか、やりがいがあるのか、達成感が得られたのか、という悪魔の声をきかないわけではない。しかし、もう老年を迎えて転身もできないし、したいとも思わない。そういう才能があるとも思っていない。むしろ、自分が選んだ思想史研究と専門分野で、努力と才能が足りなかったのではないかという忸怩たる思いの方が強い。その思いを払拭したいがために、少しは努力したとしても、十分だったとはとても思えないのである。「凡そ学に志すものは己の才の乏しきを嘆く勿れ、努力の足らざるを嘆け」と河上肇は弟子に訓戒したが、その言葉が胸に突き刺さる。

研究は苦しみが楽しみであるという特徴をもっている。思想史研究とは、どうテクストを分析すれば思想家の核心に辿りつけるかという煩悶の繰り返しなのである。そもそも社会科学者とはなにか。

社会思想家とはなにをする者か。

私見では、社会科学者は社会の医者である。いな、そうでなければならない。社会のメカニズムとその病理を解明し、健全な社会はどうあらねばならないか、すぐれた社会はどのような社会か、それはどうすれば実現できるのか、という処方箋を書くことが社会科学者には期待されているはずである。そのような期待にたいして思想史家はなにを提供できるか。過去の思想家の残したテクスト、遺産を分析することによって、社会にたいする考えかたを豊かにできるし、人間の生きかたについてもさまざまな知見をもたらすことができるであろう。さまざまな文明と社会の姿を再現し、それについても熟考することができる。現代の社会のありかたに、また現代人のものの考えかたに、さまざまな角度から迫り、過去の人びとの社会観や考えかたと比較しつつ考察できるのは、歴史研究の強みである。

人文科学者は人間存在の本質をさまざまに分析し、よく生きることにつながる知見をもたらすことが期待されているであろう。自然科学者は自然のメカニズムを解明し、壊れた自然を修復するにはどうすればよいかを考えるであろう。さらに自然のメカニズム、生命の秘密を明らかにすることによって、さまざまな応用科学を開発し、技術を発明して、恩恵をもたらすのも医学や工学の使命であるだろう。社会科学者にもそれに似た役割があるのだが、一般にはその役割はわかりづらいかもしれない。

筆者は社会分析の基礎科学としての社会思想史を分担してきたつもりである。臨床までは辿りついていないが、臨床思想史というものは可能だと思う。政策科学や社会工学は歴史研究としての社会思想史からアイデアを汲み取ることができると思う。古典というものが不滅の価値をもっているのは、そうした智恵の貯蔵庫だからであろう。筆者の場合は近代の古典と言うべきスコットランド啓蒙思想家の著作を智恵の貯蔵庫として活用してきたことになる。自由と勤労と自律、正義と富と徳、寛容と穏健などのスコットランド啓蒙思想家が掘り下げた価値は筆者の価値観ともなっている。したがって彼らの著作はたんに研究対象であるだけでなく、筆者の精神態度にも影響を及ぼしていると自覚している。ハチスンもヒュームもスミスも、そしてミラーも、そのような二側面で筆者にとってかけがえのない思想家なのである。

そのような価値、価値観が読者にどのように受け止められるであろうか。それは定かでないけれども、本書が読者に恵まれ、いかほどか読者の記憶にとどまり、社会を考える際の刺激となり、参考となる点があることを願っている。

筆者は戦後啓蒙の時代からのち、未來社から刊行された多数の社会科学書によって育てられたという自覚をもっている。そのような者として本書を未來社から刊行できることは大きな喜びであり、本書の出版に尽力いただいた西谷能英氏に厚くお礼を申し上げたい。

各章の初出は以下の通り。

第1章　ヨーロッパ啓蒙――共和主義と世界市民主義を中心に（京都大学経済学会『調査と研究』第三六号、二〇一〇年四月の一部を削除）

第2章　啓蒙思想家の旅（第一章となったもとの論考の削除した部分を独立させ、加筆）

第3章　大ブリテンの啓蒙（未発表）
第4章　啓蒙と野蛮（京都大学経済学会『経済論叢』第一七三巻第二号、二〇〇四年二月）
第5章　市民社会と徳（京都大学経済学会『調査と研究』第二五号、二〇〇二年一〇月）
第6章　啓蒙と改革――一八世紀研究の視座（『未来』二〇〇八年一月号、のち田中浩編『思想学の現在と未来』未來社、二〇〇九年、所収）
第7章　自己愛の時代の始まり――スミスとルソーの自己愛論（『現代のエスプリ』五二二号、二〇一一年一月所収）

著者略歴

田中秀夫（たなか・ひでお）

1949年、滋賀県生まれ。京都大学大学院経済学研究科博士課程修了。経済学博士。2013年、京都大学大学院経済学研究科教授を定年退官。現在、京都大学名誉教授、愛知学院大学経済学部教授。専攻はイギリス啓蒙思想史、社会・経済思想史。

著書に『スコットランド啓蒙思想史研究——文明社会と国制』（名古屋大学出版会、1991年）『文明社会と公共精神——スコットランド啓蒙の地層』（昭和堂、1996年）『共和主義と啓蒙——思想史の視野から』（ミネルヴァ書房、1998年）『啓蒙と改革——ジョン・ミラー研究』（名古屋大学出版会、1999年）『アメリカ啓蒙の群像——スコットランド啓蒙の影の下で　1723-1801』（名古屋大学出版会、2012年）『近代社会とは何か——ケンブリッジ学派とスコットランド啓蒙』（京都大学学術出版会、2013年）。編書に *The Rise of Political Economy in the Scottish Enlightenment*（Routledge, 2003）『共和主義の思想空間——シヴィック・ヒューマニズムの可能性』（名古屋大学出版会、2006年）『啓蒙のエピステーメーと経済学の生誕』（京都大学学術出版会、2008年）その他。

訳書にポーコック『マキァヴェリアン・モーメント——フィレンツェの政治思想と大西洋圏の共和主義の伝統』（名古屋大学出版会、2008年）ホント『貿易の嫉妬——国際競争と国民国家の歴史的展望』（監訳、昭和堂、2009年）ロビンズ『一経済学者の自伝』（監訳、ミネルヴァ書房、2009年）ヒューム『政治論集』（京都大学学術出版会、2010年）フォーブズ『ヒュームの哲学的政治学』（監訳、昭和堂、2011年）その他。

啓蒙の射程と思想家の旅

発行——二〇一三年九月二十日　初版第一刷発行

定価——（本体二八〇〇円＋税）

著　者——田中秀夫

発行者——西谷能英

発行所——株式会社　未來社

東京都文京区小石川三—七—二
電話〇三—三八一四—五五二一
http://www.miraisha.co.jp/
Email:info@miraisha.co.jp
振替〇〇一七〇—三—八七三八五

印刷——精興社

製本——榎本製本

ISBN 978-4-624-40063-7 C0036

（消費税別）

田中浩編
思想学の現在と未来
〔現代世界──その思想と歴史①〕多彩な視座より先哲の歩みを分析し、来たるべき社会を基礎づける方法論の課題に迫る一二論文。田中秀夫「啓蒙と改革」収載。

二四〇〇円

田中浩編
ナショナリズムとデモクラシー
〔現代世界──その思想と歴史②〕ネイションを巡る相克の歴史のなかで、いかにデモクラシーはうまれ、いま、いかなる困難に面しているのか。政治思想の射程を問う一二論文を収録。

二四〇〇円

田中浩編
EUを考える
〔現代世界──その思想と歴史③〕通貨統合、共通外交・安全保障、司法協力から福祉・環境・メディア政策まで、EUの喫緊の課題と展望を徹底的に考察する一二論文を収録。

二四〇〇円

田中浩編
リベラル・デモクラシーとソーシャル・デモクラシー
〔現代世界──その思想と歴史④〕教育、文学、社会保障、公共性などの点から、近現代政治思想史における二つのデモクラシーの対立・相補・継承関係を問う一〇論文を収録。

二四〇〇円

加藤節著
同時代史考
〔政治思想講義〕ホッブズ、ロックからヘーゲル、マルクスを経て丸山、福田、サイードまで、先哲の豊かな言葉をひきつつ、現実を正義と悪に二項化する言説の支配に抗う。

二二〇〇円

ハーバーマス著／細谷貞雄・山田正行訳
〔第2版〕公共性の構造転換
〔市民社会の一カテゴリーについての探究〕市民的公共性の自由主義的モデルの成立と社会福祉国家におけるその変貌をカント、ヘーゲル、マルクスの公共性論を援用しつつ論じる。

三八〇〇円

丸山眞男著
〔新装版〕現代政治の思想と行動
発表より半世紀たった現在にいたるまで繰り返し読まれ、言及され、論じられるロングセラー、著者没後十年を機に新組・新装カバー装に。「超国家主義の論理と心理」他を収録。

三八〇〇円